Rocco Americo e Rosario Alfano

RELAZIONI VINCENTI
CON IL NUOVO
LINGUAGGIO DEL CORPO

Decodificare i gesti
e imparare a reagire
applicando la PNL

EDIZIONI
IL PUNTO
D'INCONTRO

Rocco Americo e Rosario Alfano
Relazioni vincenti con il nuovo linguaggio del corpo
Copyright © 2009 Edizioni Il Punto d'Incontro
Prima edizione pubblicata nel settembre 2009
Edizioni Il Punto d'Incontro s.a.s., Via Zamenhof 685,
36100 Vicenza, Tel. 0444 239189, Fax 0444 239266
www.edizionilpuntodincontro.it
Finito di stampare nel settembre 2009 presso la CTO, Via Corbetta 9, Vicenza.

ISBN 978-88-8093-647-3

Indice

Ringraziamenti   7

Capitolo primo
Premessa   9
  1. Il contenuto del libro   9
  2. Perché studiare il linguaggio del corpo   10
  3. Istruzioni per l'uso   13

Capitolo secondo
Prossemica   17
  1. Cos'è la prossemica   17
  2. Spazio fisico e spazio psicologico   17
  3. La dimensione psicologica   18
  4. Le quattro distanze di Hall   19
  5. A ognuno la sua distanza   20
  6. L'importanza di tenere
    la distanza giusta   21
  7. Come capire la distanza preferita
    dall'interlocutore   23
  8. Collegamenti tra distanza, sguardo e
    contatti   24
  9. La prossemica rispetto alle
    diverse parti del corpo   25

Capitolo terzo
L'orientamento del corpo   27
  1. Orientamento del corpo   27
  2. Seduti attorno al tavolo   29
  3. Stabilire le gerarchie attorno al tavolo   30
  4. Distanze dietro la scrivania   30
  5. La gestione dello spazio
    al ristorante o al bar   31

Capitolo quarto
I segnali delle mani   33
  1. Le mani   33
  2. Esercizio   33
  3. Mani ferme o in movimento   34
  4. Mani aperte in evidenza e
    mani nascoste   35
  5. Tutti i gesti delle mani   36
  6. Le dita   47
  7. Esercizio   50

Capitolo quinto
Le strette di mano   51
  1. Come stringete la mano?   51
  2. Stretta alla pari   52
  3. Bisogno di essere guidati   52
  4. Voglia di comandare   53
  5. Ristabilire la parità nella stretta   54
  6. Preferenza per il
    non coinvolgimento emotivo   55
  7. Preferenza per i rapporti familiari   55
  8. Esercizio   56

Capitolo sesto
Gli autocontatti   57
  1. Autocontatti   57
  2. Autocontatti verso il viso   58
  3. Gesti con i capelli   64
  4. Autocontatti verso il corpo   66

Capitolo settimo
Le braccia   71
  1. Le braccia   71
  2. Le posizioni delle braccia   73

Capitolo ottavo
I modi di camminare 81
  1. Interpretare la camminata
     "passo passo" 81
  2. Orientamento del corpo 82
  3. Direzione dei piedi mentre si cammina 83
  4. Ritmo della camminata 84
  5. Lunghezza del passo 85
  6. Esercizio 86
  7. Esercizio 89
  8. Dalla psicosomatica alle suole 90

Capitolo nono
Le gambe 93
  1. Attenti alle gambe 93
  2. Tutti i segnali delle gambe 94

Capitolo decimo
I modi di sedersi 103
  1. Esercizio 103
  2. Tutti i modi di sedersi 104

Capitolo undicesimo
Testa, occhi e sguardo 113
  1. Uno sguardo vale più di mille parole 113
  2. Segnali inconsci della testa 113
  3. Le posizioni dell'ascolto 114
  4. Chiudere gli occhi 116
  5. Le pupille 117
  6. La durata dello sguardo 117
  7. Dove rivolgere lo sguardo 118

Capitolo dodicesimo
Comportamenti frequenti 121
  1. Il fumo 121
  2. Come si tiene la sigaretta 123
  3. Dove e come si espelle il fumo 123
  4. Come si spegne la sigaretta 124
  5. Come si dorme 125
  6. Come si guida 126
  7. Altri gesti frequenti 128

Capitolo tredicesimo
I segnali della menzogna 135
  1. Si può scoprire quando l'altro mente? 135
  2. Esercizio 136
  3. I migliori segnali per scoprire
     la menzogna 136

Capitolo quattordicesimo
I sistemi rappresentazionali 139
  1. Programmazione neurolinguistica e
     linguaggio del corpo 139
  2. Cos'è la PNL 140
  3. Dimmi. dove guardi e ti dirò
     come pensi 140
  4. Le tre tipologie di persone della PNL 145
  5. Coniugare PNL e il linguaggio
     dei gesti 150
  6. Esercizi 153

Capitolo quindicesimo
Il rapport 155
  1. Le chiavi del rapport 155
  2. Il ricalco 156
  3. Esercizio 157
  4. Diversi modi per ricalcare 158
  5. Cosa si deve ricalcare 158
  6. I vantaggi di un buon ricalco 159
  7. Ma questa non è manipolazione? 159
  8. Guidare gli altri 160

Capitolo sedicesimo
L'ancoraggio 163
  1. Le ancore 163
  2. Ancorare agli oggetti 165
  3. Ancorare le emozioni ai gesti 167
  4. Ancorare le emozioni con
     gli autocontatti 167
  5. Ancorare le emozioni con
     gli eterocontatti 168
  6. Ancorare le emozioni agli spazi 168
  7. L'autopuntamento 170

Conclusione 171
Bibliografia 172
Nota sugli autori 173

Ringraziamenti

Dovrei ringraziare moltissime persone per il contributo offerto alla stesura di questo libro. Tutti coloro con cui sono venuto a contatto hanno in qualche modo ispirato il mio lavoro e stimolato le mie ricerche. Desidero in particolare mostrare la mia riconoscenza alla mia famiglia: a mia madre Rosa e mio padre Mariano, che hanno da sempre stimolato la mia capacità di osservare e mi hanno supportato incondizionatamente, e ai miei fratelli Andrea e Giancarlo. Ringrazio di cuore i due modelli Stefano Baffi e Corinna Calatroni per aver posato per ore e ore con pazienza e grande professionalità, riuscendo a rendere al meglio il senso dei gesti che andavo a illustrare. Siete stati collaboratori fantastici. Grazie alle società di formazione e consulenza Com2 S.r.l. e Profexa S.r.l. per avermi permesso più di tutti di sperimentare praticamente quanto appreso, e a tutti i miei corsisti, protagonisti inconsapevoli di queste pagine. Chiaramente uno speciale ringraziamento va al mio amico e collega Rosario Alfano, senza di lui questo lavoro non sarebbe ciò che è. Infine, ma non certo ultima in ordine di importanza, un grazie di cuore alla mia compagna Corinna per l'impegno profuso in ogni parte della stesura del testo e per l'amore che ogni giorno mi dimostra. A tutti voi Grazie!

— *Rocco Americo*

Ringrazio le migliaia di corsisti che ho incontrato in aula fino a oggi, insieme ai quali ho potuto verificare e approfondire le nozioni inserite in questo libro. Ringrazio inoltre i collaboratori della mia società di formazione (COM2), "cavie forzate" di alcuni test necessari (a me e al dr. Americo) per confermare alcuni particolari meccanismi del linguaggio del corpo descritti in questo testo.

— *Rosario Alfano*

Capitolo primo

Premessa

1. Il contenuto del libro

Ricordo che da ragazzino ero abbastanza timido, introverso, riflessivo, talvolta mi capitava di starmene un po' in disparte, seduto a osservare.

A divertirmi, incuriosirmi e stimolarmi era il tentativo di comprendere ciò che stava accadendo tra le persone che avevo di fronte e di cui non potevo valutare la conversazione. Mentre esaminavo mentalmente ogni possibile indizio, gesto, spostamento, continuavo a chiedermi: "Chissà cosa pensano quelle persone l'una dell'altra", e ancora: "Sarà d'accordo con lui, gli starà dicendo la verità, è attratta da lui?".

Questi e altri interrogativi mi hanno sempre affascinato e mi hanno spinto a intraprendere un magico viaggio nel mondo della comunicazione non verbale, ricco di scoperte, ricerche sul campo e studi teorici, fatto di conferme e smentite di quanto altri autori hanno affermato in passato.

Ho condensato in questo testo il frutto del mio viaggio con lo scopo di offrire a tutti i lettori una duplice prospettiva. Da un lato, infatti, seguendo le indicazioni in esso contenute il lettore acquisirà una maggior sensibilità nel comprendere i comportamenti altrui. Dall'altro potrà adeguare i suoi messaggi non verbali per offrire l'immagine di sé che intende trasmettere e rendere così la propria comunicazione più coerente su diversi piani.

Nella prima parte del testo imparerete a valutare istante per istante, durante le vostre conversazioni quotidiane, cosa l'altro stia realmente pensando di voi e di quanto state dicendo.

Nella seconda parte, invece, grazie alle più efficaci strategie della programmazione neurolinguistica, scoprirete come valutare le diverse tipologie di persone in base al loro comportamento e a entrare istantaneamente in sintonia con loro.

Trarrete i maggiori benefici dalla lettura di questo testo se ne metterete in pratica i principi e i suggerimenti e se seguirete le esercitazioni proposte.

2. Perché studiare il linguaggio del corpo

Prima di partire con l'analisi dettagliata di gesti, posture e distanze, è di fondamentale importanza avere ben chiaro lo scopo di questa lettura.

Il ricercatore Paul Watzlawick, del Mental Research Institute di Palo Alto, definì nel 1971 col suo testo *Pragmatica della comunicazione umana* due assiomi fondamentali della comunicazione. Esaminiamoli insieme:

• Ogni comportamento è comunicazione.

• Non si può non comunicare.

Cosa significano secondo voi questi due principi, che sono stati adottati da ogni comunicatore come veri e propri pilastri?

Semplicemente che in ogni momento della nostra vita stiamo comunicando qualcosa alle persone che ci circondano. Questo accade quando parliamo con il nostro migliore amico o con i nostri figli e inevitabilmente accade anche quando non proferiamo parola.

Immaginate che fuori ci sia una bella giornata di sole e decidiate di andare al parco. Dopo una passeggiata, giunto il momento di riposarvi un po', date un'occhiata alle panchine per scegliere dove sedervi. Alcune di queste sono occupate da diverse persone ed è per voi impossibile mettervi lì, mentre su due panchine è seduta una sola persona e lo spazio è quindi sufficiente per ospitare anche voi. Nella prima l'uomo è seduto al centro e abbraccia la spalliera, nella seconda, è seduto lateralmente.

Quale panchina scegliete? È probabile che abbiate optato per quest'ultima. Qual è la ragione? Evidentemente, nonostante entrambe le persone già sedute siano in silenzio, vi hanno comunicato qualcosa di diverso, che da voi è stato interpretato nel primo caso come un: "Preferisco stare per i fatti miei", e nel secondo come un: "Sono propenso ad avere compagnia".

Come nell'esempio precedente, dobbiamo sempre tener presente che, anche quando non ci esprimiamo a parole, stiamo comunque trasmettendo silenziosi messaggi che giungeranno a chi ci sta vicino e saranno interpretati in qualche modo. Conoscere questa silenziosa forma di comunicazione vi darà la possibilità di avere maggior capacità di cogliere feedback anche in assenza di conversazione verbale e vi permetterà di trasmettere agli altri un'immagine coerente con le vostre intenzioni.

Aggiungiamo poi che il professor Albert Mehrabian e numerosi altri studiosi hanno dimostrato che solo il 7% del significato percepito nella comunicazione è determinato dalle parole (canale verbale), il 38% dal modo in cui tali parole sono dette (canale paraverbale) e ben il 55% dalla comunicazione non verbale.

In pratica il canale verbale serve a trasmettere agli altri il contenuto del messaggio, ma a fare la differenza nel modo di interpretare questo contenuto saranno il canale paraverbale e quello non verbale.

Per avere una verifica immediata facciamo un semplice esempio: immaginate che il vostro amico Nicola vi dica con tono allegro, saltellando verso di voi, la seguente frase: "Ho una notizia per te". Cosa sareste portati a pensare? Probabilmente che si tratta di una bellissima notizia. Ma cosa provereste se la stessa frase fosse pronunciata con tono triste e una faccia imbronciata? Probabilmente in tal caso sareste pronti ad aspettarvi il peggio. Nonostante il contenuto verbale del

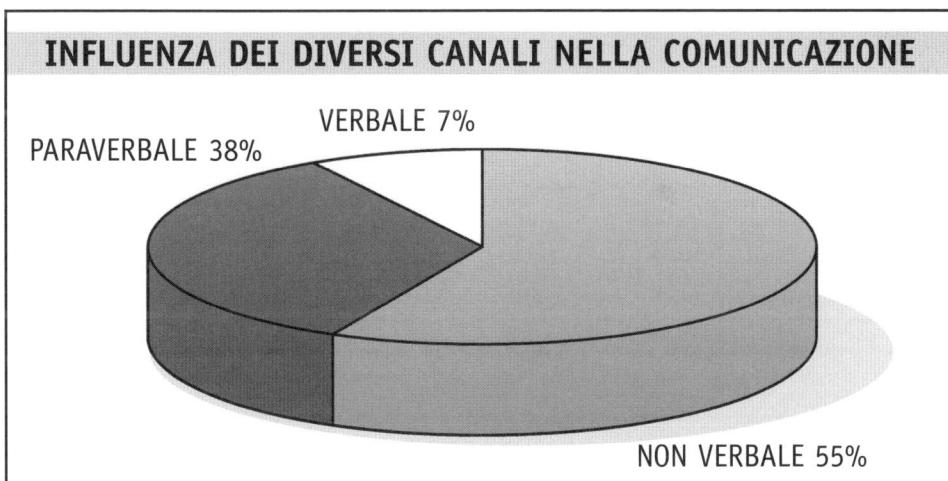

INFLUENZA DEI DIVERSI CANALI NELLA COMUNICAZIONE

VERBALE 7%

PARAVERBALE 38%

NON VERBALE 55%

messaggio sia rimasto identico, il significato percepito sarebbe totalmente differente.

Fin da quando eravamo piccoli ci è stato insegnato che il mezzo di comunicazione per eccellenza è la parola. I nostri genitori hanno esultato quando abbiamo proferito le prime sillabe, le maestre di scuola ci hanno spiegato come coniugare i verbi e con gli anni abbiamo acquisito un vocabolario sempre più forbito. In pratica, però, la nostra educazione ci ha spinto a impegnarci a fondo per sviluppare la fetta più piccola di questa grande torta chiamata "comunicare".

Pensate a quante volte, pur avendo ascoltato attentamente ciò che vi è stato detto, siete incappati in equivoci e malintesi. Quante volte, fidandovi solo delle parole, non avete prestato attenzione a un'espressione o a una postura che vi poteva svelare il vero significato di una certa comunicazione?

Nell'intento di superare questi limiti, inizieremo ora ad avventurarci nel misterioso mondo della comunicazione non verbale. Lo scopo di questo libro è quello di aumentare il vostro acume sensoriale, focalizzando l'attenzione su alcuni aspetti comportamentali significativi, ma ai quali normalmente non si presta attenzione.

Proseguendo nella lettura imparerete a:

- Capire ciò che l'altro pensa riguardo a quello di cui state parlando;
- Intuire se l'altro sta provando sentimenti di rabbia, tristezza, perplessità, convinzione, timore, risentimento, fiducia;
- Comprendere quando l'altro vi vuole sedurre;
- Scoprire quando l'altro mente;
- Utilizzare il vostro corpo per convincere e attrarre a voi gli altri;
- Conoscere meglio voi stessi e comunicare in maniera più efficace e congruente in ogni contesto.

È opportuno e doveroso dare al lettore che ha un primo approccio con la disciplina alcune regole preliminari. Un po' come avviene per i medicinali, leggete attentamente le avvertenze: lo scorretto utilizzo di quanto dirò in seguito può avere effetti collaterali.

1. Non si può dedurre nulla basandosi su un solo gesto. Un solo segnale non può essere esplicativo del pensiero di un'altra persona. Troppe sono le variabili a cui può essere dovuto.

2. Si possono formulare **buone ipotesi** se si osservano **almeno quattro o cinque segnali contemporaneamente**. Tutti i messaggi non verbali verranno trattati singolarmente per facilitarne la comprensione, tuttavia è bene precisare che l'effettivo stato d'animo delle persone può essere dedotto solo quando osservate più gesti coerenti sotto il profilo del significato.

3. Le interpretazioni dei gesti sono basate su studi prevalentemente empirici e perciò validi nella maggior parte dei casi, ma **non infallibili**.

4. Qualcuno di tanto in tanto mi chiede: "Ma non è difficile captare tutti questi segnali contemporaneamente?", e io rispondo: "È facile guidare l'automobile?". Probabilmente la vostra risposta, se avete preso la patente, sarà affermativa. Ma provate a pensare alle vostre prime guide. È stato facile imparare a coordinare freno, acceleratore, cambio e insieme controllare gli specchietti retrovisori e tenere sotto controllo le auto davanti a voi e i semafori? Eppure ora tutto ciò vi sembrerà facilissimo. Talmente facile che qualcuno percorre centinaia di chilometri senza nemmeno rendersene conto e magari per aumentare un po' il livello di difficoltà, parla al cellulare, fuma una sigaretta o addirittura si trucca mentre è al volante. Insomma, inizialmente potrebbe sembrare difficile cogliere tutti i segnali, tuttavia, dopo aver allenato i vostri sensi, si innesterà quella sorta di pilota automatico che rende tutto molto semplice.

5. Analizzeremo la cinesica trattando ogni segmento corporeo distintamente all'unico scopo di semplificare al massimo l'appren-

dimento. Vale in ogni modo la regola numero 1.

6. Tenete sempre conto del **contesto** in cui avvengono i comportamenti osservati. È chiaro che notare che una persona tiene le mani in tasca mentre vi parla potrebbe fornirvi un'utile indicazione se fuori fa caldo, e allo stesso tempo non rivelarvi assolutamente niente se fuori nevica e il vostro interlocutore non indossa i guanti.

7. **Avviso per gli aspiranti manipolatori**: la nuova capacità di osservare che acquisirete vi porterà, lo vogliate o no, a una maggiore comprensione degli altri. Comprendere significa prendere con sé, quindi, se non desiderate diventare più comprensivi e sensibili (abili con i sensi), regalate questo libro a qualcun altro.

8. Gli schemi motori che gli esseri umani seguono si ripetono in maniera automatica e fissa al riaffiorare di una stessa emozione o sensazione. Se avete notato che il vostro amico Luca quando è preoccupato si sfiora la fronte, ogni volta che lo vedrete effettuare tale movimento è probabile che sia preoccupato. Se volete una prova della ripetitività degli schemi motori, fate il seguente esercizio.

Prima fase: Unite le mani intrecciando le dita e controllate quale dei due pollici si trovi sopra. Sicuramente per rispondere a questa domanda dovete guardarvi le mani e pensarci un secondo.
Ognuno ha un pollice dominante, che è sempre sopra l'altro ogni volta che si intrecciano le dita. Con il passare degli anni avete sviluppato, senza rendervene conto, un modello fisso di intrecciare le dita che è sempre lo stesso, in pratica si è cristallizzato, perché a un certo momento avete smesso di metterlo in discussione.

Seconda fase: Ora provate a invertire la posizione del pollice: se avevate sopra il sinistro, ora mettete sopra il destro e viceversa. È probabile che questa postura vi sembri strana, goffa e scomoda. La maggior parte delle persone riterrà più naturale il primo modo proposto.
In realtà le due posizioni hanno lo stesso valore, anche se usate da sempre la prima, che vi risulta più spontanea. Facendo più volte questo esercizio vi accorgerete che entrambe diventano fami-

liari e avrete a disposizione due possibilità, conquisterete quindi la libertà di poter scegliere.

Questo è solo un esempio, ma in realtà molte delle azioni effettuate dall'uomo seguono un modello fisso che viene eseguito in modo automatico. Uno schema appreso e fatto proprio, spesso senza saperlo, e che si rimette in atto ogni volta che si prova la stessa emozione. Questa consapevolezza vi dà un considerevole vantaggio: se diventerete buoni osservatori, inizierete a notare che, in presenza di una particolare emozione, il vostro interlocutore eseguirà tipicamente alcuni gesti piuttosto che altri, e sarete in grado di capire senza nemmeno ascoltare le sue parole, le emozioni che sta provando in quel momento.

9. Il comportamento cinetico si manifesta prima di quello verbale. Il buon osservatore quindi riesce spesso ad anticipare il pensiero altrui.

10. I gesti che esamineremo sono per la maggior parte delle volte inconsci. Mentre le parole sono frutto di una premeditazione, il non verbale è in genere espressione dell'istinto e non viene mediato dalla ragione. Per questo motivo talvolta riuscirete a comprendere l'altro meglio di quanto non faccia lui stesso, osservando i suoi gesti.

11. Tenete anche presente che quando si fa un certo gesto e dopo una breve pausa lo **si ripete**, **si rinforza** il significato di quel gesto. Per esempio, se spostare dolcemente i capelli è un segnale di seduzione, questo gesto ripetuto più volte indica una grande attrazione verso l'altro.

Capitolo secondo

Prossemica

Usare le distanze per capire gli altri ed entrare in sintonia

1. Cos'è la prossemica

Il termine prossemica deriva dal latino *proximus*, vicinissimo, prossimo. **La prossemica si occupa dei messaggi che l'uomo dà collocandosi nello spazio intorno a sé rispetto alle cose o persone che lo circondano**.

Il modo in cui occupate il vostro spazio rivela infatti il vostro status sociale, la vostra personalità e in che modo state inconsciamente percependo una certa situazione. Allo stesso modo, osservando come le persone si rapportano con lo spazio che le circonda, potrete facilmente intuire se si trovano a loro agio oppure se non vedono l'ora di andare via, che tipo di relazioni esistono tra i vari soggetti presenti e come ognuno percepisce l'altro. Chi per primo si occupò di questo tipo di studi fu l'antropologo Edward T. Hall, di cui riporteremo in seguito uno schema classico.

2. Spazio fisico e spazio psicologico

Tutti noi abbiamo una **dimensione fisica** e una **dimensione psicologica**. Come è intuibile, la prima riguarda lo spazio che il nostro corpo occupa materialmente: chi pesa 200 kg occupa uno spazio più ampio di chi ne pesa cinquanta, chi è alto due metri occupa uno spazio maggiore di chi è alto un metro e cinquanta, ecc... Chiaramente non ci occuperemo di questa dimensione, poiché è parecchio intuitiva e subito riscontrabile.

Molto più interessante è indagare l'altra dimensione, quella psicologica. Essa riguarda il nostro modo di percepirci in relazione a un certo luogo o a una situazione. Proprio perché basata su una percezione, questa dimensione **non può essere misurata oggettivamente**.

Facciamo qualche esempio. Avete mai notato che alcune donne, pur essendo già molto alte, indossano scarpe col tacco alto? Vi siete mai chiesti perché, nonostante in questo periodo la benzina costi molto cara, l'inquinamento sia ai massimi livelli e si fatichi a trovar parcheggio in città e quelle grosse auto chiamate SUV siano sempre più richieste? Avete osservato cosa fa un uomo quando, camminando sulla spiaggia, vede in lontananza una donna? La prima cosa di solito è tirare su la testa e gonfiare il petto, vero?

Questi sono solo alcuni dei tanti escamotage che mettiamo in atto per ingrandire il nostro spazio psicologico. È chiaro che, a livello oggettivo, sarete sempre gli stessi anche se gonfierete il petto, metterete tacchi alti o acquisterete auto imponenti. Tuttavia, la vostra personale percezione di voi stessi cambierà. Vi sentirete diversi, magari più sicuri, più protetti, più in vista, ecc. Vedendovi in tal modo, anche la percezione che avete dell'ambiente circostante sarà diversa. Persino la percezione psicologica che gli altri hanno di voi sarà ingrandita.

3. La dimensione psicologica

Immaginate che ognuno di voi se ne vada a spasso contornato da una bolla d'aria invisibile che lo circonda. A seconda dell'ambiente in cui vi trovate e delle persone che avete davanti, questa bolla d'aria funzionerà in modo diverso. Scoprirete ad esempio che alcune persone (quelle con cui avete particolare confidenza) possono avvicinarsi a voi ed entrare nella vostra bolla d'aria senza procurarvi disagio.

Ma cosa provereste se uno sconosciuto per chiedervi un'informazione venisse a parlarvi a una distanza di quindici cm dal viso?

Sono sicuro che molti di voi al solo pensiero hanno provato fastidio e istintivamente hanno ritratto la testa almeno un po'. Sapete perché accade? Perché **il vostro spazio psicologico è stato violato**.

Ora capite anche perché il classico bullo della compagnia quando vuole lanciare una sfida a un altro ragazzo compie azioni quali gonfiare il petto, portare le mani ai fianchi e andare a una distanza molto ridotta dal malcapitato, per poi guardarlo di traverso. Gonfiando il petto sta ampliando la percezione psicologica e conseguentemente si sente più sicuro, mentre avvicinandosi all'altro aggredisce il suo spazio vitale e lo costringe a sentirsi minacciato.

4. Le quattro distanze di Hall

L'antropologo americano Edward Hall nel 1968 ha distinto quattro distanze tipiche, regolate ognuna da proprie norme di comportamento, che è bene seguire, e da diverse sensazioni che si possono percepire. Di seguito riepiloghiamo le quattro distanze adattandole all'attualità.

4.1. La distanza intima

Va da 0 a 45 cm circa, ossia lo spazio occupato da un braccio disteso tenendo il gomito attaccato al corpo. È la distanza che indica **grande conoscenza dell'altra persona**, quella che **si tiene tra fidanzati o tra padre e figlio**, per intenderci. Da questa distanza sono visibili le piccole imperfezioni della pelle, si sentono gli odori e persino il respiro dell'altro è ben percebile. Si è talmente vicini che risulta semplice arrivare al contatto fisico. E noi tocchiamo solo le persone con le quali abbiamo un rapporto di fiducia o di confidenza.

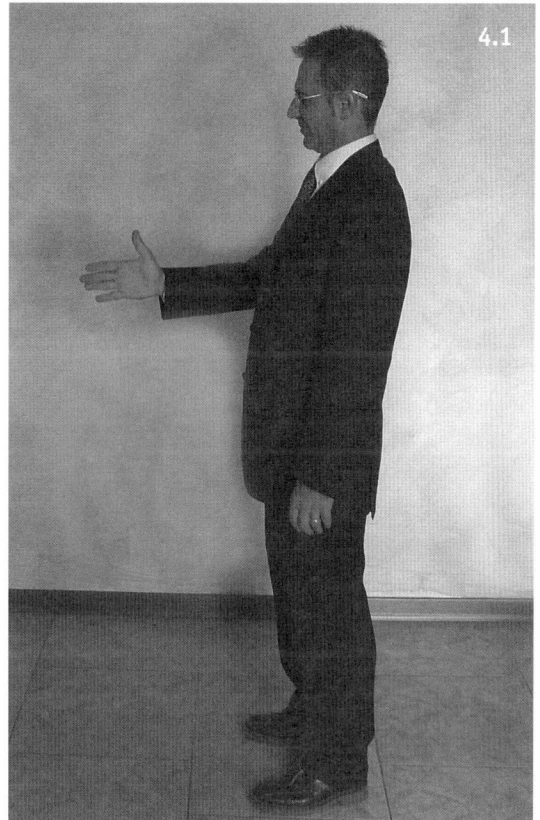

4.1

4.2. La distanza personale

Va da 45 a 120 cm circa, si può misurare distendendo tutto il braccio davanti a noi. È quella che **si tiene con gli amici** o le persone che si ritengono tali. **Ci si può ancora toccare, ma è già più difficile percepire odori e profumi**.

4.3. La distanza sociale

Va da 120 a 360 cm, è la distanza coperta dal vostro braccio e da quello dell'interlocutore distesi. È caratteristica delle situazioni in cui vige **grande formalità, non ci si può né toccare, né si possono sentire gli odori**, gli unici sensi che vengono impiegati attivamente sono la vista e l'udito.

4.4. La distanza pubblica

Va da 360 cm in poi. L'apparato visivo è quello maggiormente coinvolto. Una situazione del genere è ad esempio quella dell'**oratore che tiene un discorso a una folla** stando sul palco.

5. A ognuno la sua distanza

Al di là di questa classificazione, che ci servirà solo come punto di riferimento, è utile precisare che ognuno ha la propria distanza preferita da adottare in base alle situazioni e con le diverse persone. Chi è più "introverso" tenderà a stare leggermente più distante dagli altri rispetto a chi è "estroverso". I bambini generalmente hanno distanze più ridotte rispetto agli adulti. Alcuni in genere prediligono adottare distanze ampie, ma con determinate persone tengono distanze ridottissime.

Nel valutare la distanza più adeguata dovrete tenere in considerazione anche il contesto in cui vi trovate e il luogo di provenienza dell'altra persona. Per esempio, se vi trovate in una discoteca in cui le luci sono molto soffuse o intermittenti, il fattore distanza psicologica viene completamente rivoluzionato, poiché il buio influenza notevolmente la percezione dello spazio. Se per un guasto tecnico improvviso si accendessero le luci, notereste che istantaneamente le persone smetterebbero di ballare e mostrerebbero un leggero imbarazzo.

In riferimento invece alla provenienza, dovete considerare che i popoli dell'Europa settentrionale o dell'America del nord, per esempio, tengono di solito distanze maggiori di quelli latini.

A proposito: come percepite normalmente le persone provenienti dai paesi nordici? Sono sicuro che molti di voi avranno subito pensato a questi due aggettivi: fredde e distaccate. Come percepite invece chi proviene dal meridione? Nel 90% dei casi la risposta che mi viene data è: calorosi e al limite dell'invadenza.

6. L'importanza di tenere la distanza giusta

Siamo arrivati al punto focale del capitolo. Così come percepito freddi e distaccati coloro che vi stanno lontani e invadenti quelli che si avvicinano troppo, allo stesso modo gli altri si faranno un'idea di voi anche in base a quanto vi avvicinerete a loro.

Vicino, lontano? Ma rispetto a cosa? Rispetto alla loro **distanza ideale**.

Una regola fondamentale per ottenere un buon livello di comunicazione è **rispettare le distanze degli altri**! Nei corsi che tengo in giro per l'Italia, a questo punto qualcuno di solito mi chiede: "Ok, ho capito il concetto, ma perché devo essere io ad adattarmi alla distanza dell'altro?".

La mia risposta è questa: "Tu non devi necessariamente adattarti alla distanza dell'altro, devi solo essere consapevole che, se gli stai più vicino di quanto lui

6.

preferisce, sarai percepito come un rompiscatole appiccicoso e invadente, mentre se gli stai più lontano darai l'impressione di uno che, come si dice dalle mie parti, 'se la tira' ". Ribadisco il concetto, una distanza troppo ravvicinata viene vissuta come un'aggressione al proprio spazio psicologico, mentre una distanza troppo ampia dà l'impressione di uno scarso coinvolgimento.

L'altra domanda classica che mi viene rivolta a questo punto è: "Ma si deve sempre rispettare la distanza preferita dall'altro?". La risposta ovviamente è NO! Dipende dalla sensazione che volete suscitare. Se per esempio siete il nuovo dirigente di un'azienda e volete far capire ai dipendenti che siete voi il superiore e che nessuno potrà avere con voi relazioni che vanno oltre il rapporto strettamente professionale, adottate tranquillamente distanze elevate e il messaggio sarà tacitamente trasmesso. La stessa strategia viene spesso usata dai personaggi famosi o dagli esperti conferenzieri per produrre nel proprio pubblico o nei propri fan una sensazione di inavvicinabilità.

Viceversa, se siete il nuovo direttore e volete dare l'impressione di essere un tipo alla mano e di grande calore umano, riducete un po' le distanze rispetto ai vostri collaboratori ed evitate di presentare il discorso d'apertura posizionato sopra un palco o dall'altra parte della stanza e i vostri collaboratori vi percepiranno come una persona cordiale e alla mano.

È stato anche osservato che le distanze tendono a ridursi quando si è con qualcuno che presenta aspetti della personalità, status sociale o condizione economica simili ai nostri (non per niente si usa dire di un'altra persona che la si sente vicina). In generale, quindi, possiamo riassumere affermando che **più si riducono le distanze** più si va verso una **comunicazione di tipo empatico**, piuttosto che razionale.

È possibile usare le distanze anche per capire se state entrando in sintonia con l'altro oppure no. Per esempio, se a un certo punto della conversazione l'interlocutore vi viene vicino o occupa con i gesti parte del vostro spazio, si sta stabilendo un buon feeling. Viceversa, se si ritrae e indietreggia, qualcosa nel discorso ha urtato la sua sensibilità.

Un metodo per testare la sintonia che state creando, o il livello di accordo dell'interlocutore circa ciò che state dicendo, è quello di entrare temporaneamente nello spazio altrui e subito dopo arretrare. Se l'altro vi segue, l'indicazione che ne ricevete è positiva, se resta immobile è possibile che dobbiate lavorare ancora un po' su tale rapporto.

Anche nei casi di attrazione, le distanze osservate erano inferiori ai 50 cm.

7. Come capire la distanza preferita dall'interlocutore

Per comprendere la distanza chiave per una conversazione ottimale ci basterà semplicemente osservare quanto segue (le prime volte ci vorrà un po' di tempo, ma presto diventerà tutto automatico).

7.1. Capire se avete invaso lo spazio altrui

Se la persona che avete di fronte sente il suo spazio minacciato, tenderà a mettere in atto alcuni accorgimenti per ristabilire la distanza psicologica adeguata.

Un esempio tipico di ciò che succede quando lo spazio psicologico viene minacciato è quello dell'ascensore. Pensate a cosa succede quando vi capita di salirvi con persone che non conoscete. Innanzi tutto i primi a entrare si vanno a guadagnare i posti d'angolo, poiché in questo modo il loro spazio psicologico è preservato almeno su due fronti e conseguentemente l'imbarazzo è minore. Successivamente noterete qualcuno che guarda attentamente i pulsanti dei piani che man mano si illuminano, qualcun altro che molto attentamente legge la targhetta con l'indicazione della portata massima, la pensionata molto intenta a leggere sul giornale le pagine economiche, e ancora chi manda nervosamente qualche sms senza mai distogliere l'attenzione dal telefonino (che spesso non prende il segnale), e infine la signora che stringe la borsa davanti a sé come se si trovasse in compagnia di temibili banditi.

Riassumendo, potrete capire quando sarete andati oltre la distanza ottimale preferita dall'interlocutore se egli adotterà alcuni dei seguenti atteggiamenti:

- **Interporrà barriere tra sé e voi**, tenendo davanti a sé il giornale o la borsa, per esempio;
- **Si sposterà**, la maggior parte delle volte indietreggiando;
- **Orienterà leggermente il suo corpo in un'altra direzione**;
- **Distoglierà lo sguardo**;
- **Cercherà di "coprirsi le spalle" posizionandosi in prossimità delle pareti**;
- **Attuerà uno qualsiasi dei gesti di chiusura**.

23

Se capterete alcuni di questi indicatori, è consigliabile arretrare di qualche centimetro, poiché il vostro interlocutore non riuscirà a essere del tutto a suo agio se fate altrimenti.

7.2. Capire se siete troppo distanti

Per far ciò è necessario procedere per tentativi ed errori. Avvicinatevi un po' e osservate le reazioni. Se l'altro ristabilisce la distanza significa che vi trovavate già alla distanza giusta, se l'altro vi viene incontro o resta fermo vuol dire che accetta di buon grado di condividere il suo spazio personale con voi, provate quindi ad avvicinarmi ulteriormente.

8. Collegamenti tra distanza, sguardo e contatti

Potrete facilmente riscontrare che coloro che mantengono distanze più ampie della norma tenderanno a guardare poco negli occhi, a toccare poco gli altri e a non gradire le pacche altrui. Viceversa, chi mantiene distanze ridotte tenderà a tenere il contatto visivo per tempi più prolungati e a toccare l'interlocutore.

Ricordatevi comunque che questa è solo un'indicazione di massima, nessuna delle regole che troverete in questo libro è rigida. L'obiettivo nei miei corsi e seminari è proprio quello di aumentare la flessibilità delle persone. Credo che le regole fisse funzionino soltanto qualche volta. Per me l'unica regola veramente utile per ottenere una comunicazione efficace è quella di essere flessibili.

Vi faccio un esempio, tentando di sfatare un falso mito. "Devi guardare negli occhi le persone quando parli", questo mi insegnava il nonno da piccolo e questa era la regola professata dai comunicatori fino a qualche tempo fa.

Spesso chiedo ai miei corsisti se preferiscano essere guardati negli occhi mentre dialogano con qualcuno oppure no. Le migliaia di risposte che ho raccolto si dividono equamente tra: "Sì, in ogni istante della conversazione, perché in tal modo so che l'altro mi ascolta ed è sincero con me", "Sì, ma solo di tanto in tanto, perché altrimenti mi sento in imbarazzo", "No, perché mi sembra di essere studiato".

Effettivamente abbiamo tutti preferenze diverse, il miglior modo per creare feeling è quello di orientarvi in base a ciò che fa l'altro. Mario vi guarda sempre quando parla? Benissimo, significa che per lui è importante essere guardato. Luca vi guarda solo di tanto in tanto, con sguardi sfuggenti? Fate lo stesso. Indagheremo in modo approfondito questo aspetto nel capitolo dedicato al rapport.

Nel frattempo ricordate che mantenere lo sguardo equivale ad avvicinarsi all'altro. Questo atteggiamento in alcuni casi è gradito e in altri meno. Se seguite sempre lo stesso schema di comportamento otterrete risultati variabili: qualche volta incontrerete il favore altrui e altre volte no. Se intendete invece aumentare le possibilità di successo nei vostri rapporti **siate flessibili**.

9. La prossemica rispetto alle diverse parti del corpo

Parlando con qualcuno vi potrebbe capitare di osservare che avvicina o allontana, rispetto a voi, soltanto una parte del corpo. Cosa può significare tutto ciò?

È probabile che, se avvicina il busto verso di voi, sia in accordo a livello razionale con ciò che affermate. Un primo importante passo è stato compiuto, ora dovrete cercare di convincere anche la sua parte più emotivo-istintiva. D'altra parte, se siete voi ad ascoltare, è bene che protendiate la parte alta del corpo verso l'altro per far capire che state seguendo e apprezzando le sue parole.

Viceversa, se cogliete nei gesti altrui un avvicinamento del bacino e delle gambe, la conquista è avvenuta a livello più emozionale che logico. Argomentando meglio potreste raggiungere l'approvazione anche a livello conscio.

Da ricordare
La distanza che tenete dall'interlocutore determinerà il suo modo di percepirvi. Stando lontani rispetto alla sua distanza ottimale sarete percepiti come freddi, distaccati, non coinvolti. Stando eccessivamente vicini, al contrario, risulterete invadenti e scocciatori.
Lo stesso meccanismo è valido anche per quanto riguarda il fissare negli occhi: pur essendo lo sguardo fondamentale per una comunicazione ottimale, ricordate che ognuno ha le sue preferenze. Troverete così chi predilige un contatto visivo continuato e chi lo preferisce discontinuo.

Capitolo terzo

L'orientamento del corpo

Il nostro corpo come una bussola

1. Orientamento del corpo

Un segnale importante delle intenzioni relazionali altrui è dato dall'orientamento del corpo. Molti studi hanno evidenziato che, nella maggior parte delle **comunicazioni conflittuali**, l'orientamento è di tipo **frontale**, mentre in quelle di tipo amichevole tende a essere **laterale**.

L'orientamento frontale stimola lo studio reciproco delle parti e il confronto e quindi, se esistono pregiudizi sull'altra persona o situazioni precedenti di contrasto, si può arrivare più facilmente al conflitto. Con questo non sto affermando che due persone che si trovano l'una di fronte all'altra siano in conflitto tra loro. Voglio semplicemente consigliarvi di **posizionarvi per quanto possibile di fianco**, se volete **evitare possibili scontri** o persuadere in maniera più rapida una persona.

Immaginate di dover parlare di una questione particolarmente spinosa a un vostro collega o al vostro partner. Sapete già prima di farlo che le vostre opinioni sono molto diverse e che è possibile che si verifichino scontri. In casi del genere, vi sarà senz'altro utile affrontare la conversazione facendo una bella passeggiata, piuttosto che seduti a un tavolo uno di fronte all'altro. Il messaggio che invierete all'altro standogli di fianco è: "Guardiamo nella stessa direzione, **camminiamo insieme verso una meta comune**".

Oltre alla posizione frontale e a quella laterale ne esiste anche una terza. Ponetevi lateralmente e leggermente dietro l'interlocutore, nella cosiddetta "posizione del mentore", quando volete indicare all'altro che è pronto per camminare con le sue gambe e quindi vi fidate di lui, ma che sarete lì pronti per aiutarlo se ne aves-

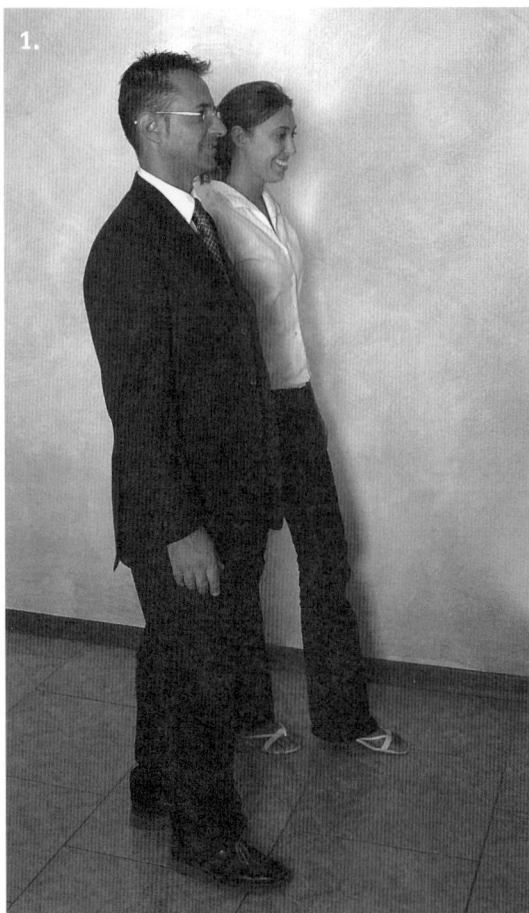

1.

essere orientato verso di voi, a un certo punto si gira o sposta un piede in direzione della porta, allora significa che vuole terminare il dialogo e andarsene. In tal caso, piuttosto che procedere con il vostro racconto, congedatelo e fissate un altro incontro.

Quando invece state valutando la possibilità di avvicinarvi a due persone che stanno già chiacchierando tra loro, potreste dare un'occhiata ai loro piedi. Se notate che formano una specie di triangolo (entrambe le persone hanno uno dei piedi che diverge e l'altro dritto), vuol dire che c'è un'**apertura alla possibilità di accogliere** nella conversazione un'altra persona.

Se iniziate a interagire con un gruppo già formato, potrete facilmente capire se siete graditi guardando come si orientano i corpi dei suoi membri. Se essi **girano solo la testa verso di voi e restano fermi con busto e gambe**, è probabile che la vostra **intrusione non sia del tutto gradita**. Se invece orientano anche i piedi nella vostra direzione, come a formare un triangolo o un cerchio, allora siete ben accetti.

Allo stesso modo, se in un gruppo qualcuno ha i **piedi puntati verso di voi** è possibile che provi un certo **interesse per ciò che dite o per voi in generale**.

se la necessità. È un po' la stessa posizione di incoraggiamento-aiuto del papà che segue il bambino mentre muove i suoi primi passi.

L'orientamento del corpo delle persone fornisce anche un'indicazione fondamentale sulla **direzione che metaforicamente o fisicamente vorrebbero seguire**. Se, ad esempio, conversando con qualcuno vi accorgete che questi, anziché

2. Seduti attorno al tavolo

La posizione **di fronte** stimola una certa **competitività**, mentre quella **di lato** maggior **collaborazione**. È stato osservato che solitamente **il nostro miglior alleato è colui che siede alla nostra destra**, leggermente meno collaborativi potrebbero essere coloro che siedono alla nostra sinistra, mentre i nostri antagonisti staranno generalmente di fronte a noi. Se dovete effettuare un rimprovero, quindi, o se avete voglia di litigare, dove è meglio che vi sediate rispetto all'altra persona? Se invece volete concludere un contratto o migliorare il rapporto con l'altra persona?

È utile tener conto della posizione rispetto all'interlocutore sia in contesti lavorativi che in contesti privati. Un errore molto frequente nei venditori, ad esempio, è quello di posizionarsi frontalmente rispetto all'acquirente. Se effettuate vendite al pubblico di qualsiasi genere, sarebbe bene che vi disponeste lateralmente rispetto a chi deve acquistare. In questo modo l'acquirente percepirà inconsapevolmente la vostra figura come quella di un amico che sta dando un buon consiglio e riuscirà anche a vedere in modo chiaro ciò che state appuntando sul vostro blocco o sul monitor del computer, eliminando così ogni possibile sospetto circa la trasparenza dell'affare.

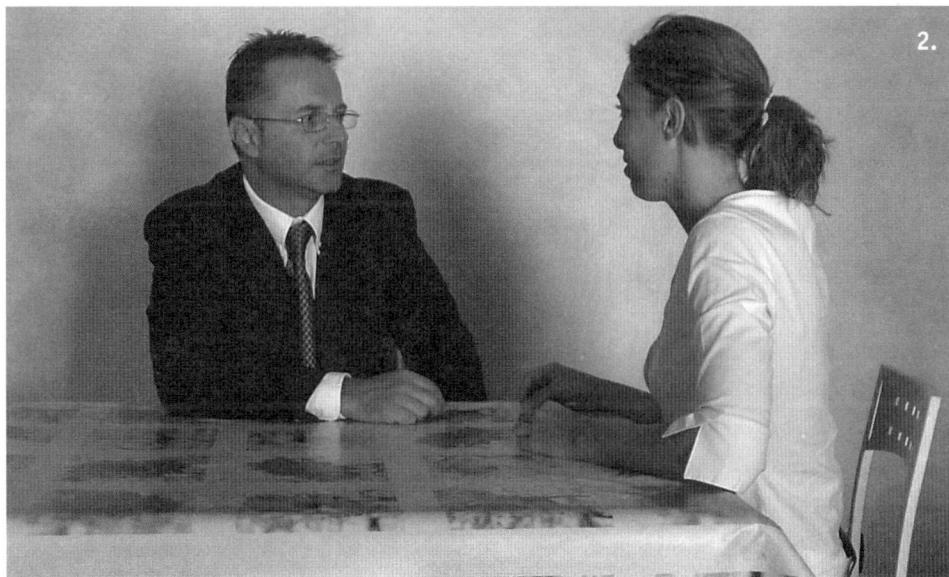

3. Stabilire le gerarchie attorno al tavolo

Per quanto riguarda il posto occupato attorno a un tavolo, quadrato, rettangolare o rotondo che sia, la gerarchia rispetta generalmente alcuni criteri. Chi è seduto a **capotavola** è la persona **più importante** del gruppo, seguito dal vicino che si trova alla sua destra e poi da quello alla sua sinistra; man mano l'importanza decresce, fino ad arrivare a chi sta di fronte al capo, che è di solito l'antagonista.

Il tavolo rettangolare, specie se molto lungo, è quello che aumenta al massimo il senso di gerarchia, ossia ogni persona percepisce in maniera netta le divisioni dei ruoli. Questo tavolo è consigliabile quando si intende presentare un progetto o un'idea evitando che gli altri intervengano disturbando la presentazione.

Il tavolo rotondo, viceversa, facilita il senso di gruppo, poiché si riducono le barriere fisiche. La percezione dei soggetti seduti sarà quella di essere dei pari (si pensi ai cavalieri della Tavola rotonda). Questo tavolo è ideale per facilitare il brainstorming e le occasioni in cui è necessario produrre una considerevole quantità di idee senza che vi siano timori reverenziali per le gerarchie. Anche in un tavolo di questo tipo si può determinare una gerarchia. Per farlo è necessario individuare il capo e poi procedere come spiegato sopra.

Di significato intermedio è il tavolo di forma quadrata, sicuramente più "democratico" di quello rettangolare, ma comunque meno paritario di quello rotondo.

4. Distanze dietro la scrivania

Come potete valutare se si sta creando sintonia a livello non verbale quando siete seduti a un tavolo? È molto semplice, di base valgono le stesse regole menzionate nel capitolo relativo alla prossemica. **Appoggiandovi allo schienale**, ad esempio, aumenterete il senso di **distacco** nei confronti di chi avete davanti o prenderete le distanze da ciò che sta dicendo.

Avvicinando il busto al bordo della scrivania si rivela il desiderio di avvicinarsi alla persona che si ha di fronte, oppure l'**interesse** verso qualcosa che ha detto o fatto. Portare il busto oltre il margine della scrivania e gesticolare serve a creare ancora più contatto e apertura fra voi e l'altro.

5. La gestione dello spazio al ristorante o al bar

Vi siete mai chiesti perché qualcuno, appena si siede al ristorante o al bar, estrae dalle tasche tutto il loro contenuto e lo distribuisce sull'intera superficie del tavolo, mentre altri preferiscono mettere tutto in un angolino?

In relazione a quanto detto sulla prossemica possiamo dedurre che il primo soggetto probabilmente ama prendersi il suo spazio in tutti i settori, e potrebbe addirittura essere un po' **invadente**, con tendenza a prevaricare, un individuo che non lascia molto spazio all'altro e magari esibizionista. Nel secondo caso, ci troviamo di fronte a un individuo che ha probabilmente limitate pretese territoriali e può essere timido o **introverso**.

Sempre attraverso gli oggetti potrete scoprire se siete graditi all'altro o meno. Se questi tende a mettere le sue cose nel vostro spazio e accetta che le vostre stiano nel suo, probabilmente vi ha accettato. Viceversa, se con i suoi oggetti forma una sorta di barriera tra lui e voi il messaggio è opposto: "Per ora, ognuno stia al suo posto".

Da ricordare

L'orientamento frontale stimola la competizione, quello laterale la collaborazione.

Il tavolo rotondo favorisce una percezione paritetica degli individui e quindi più idee e creatività. Quello rettangolare induce un maggior rispetto dei ruoli.

Le regole individuate parlando di prossemica possono essere applicate con efficacia anche quando siete seduti. Sebbene in alcune occasioni il movimento fisico possa essere limitato, potrete osservare diversi spostamenti di alcune parti del corpo o di oggetti che saranno ugualmente indicativi.

Capitolo quarto

I segnali delle mani

Leggere la mano per diventare un mago della c.n.v.

1. Le mani

Secondo Aristotele le mani sono una diramazione del cervello. Esse servono a realizzare ciò che immaginiamo e in effetti mentre parliamo spesso le usiamo per costruire intorno a noi ciò che stiamo descrivendo. Pensate a quante volte ciò accade persino quando siamo al telefono e l'altro certamente non ci può vedere.

La connessione tra cervello e mani appare evidente anche considerando i dati che diversi studi hanno evidenziato:

- Confrontando bambini che fin da piccoli hanno suonato uno strumento musicale o compiuto altre attività manuali con altri che non eseguivano queste attività, si è scoperto che nei primi i collegamenti neuronali erano presenti in numero decisamente maggiore.

- Allo stesso modo le attività manuali permettono agli anziani di conservare una certa lucidità mentale.

2. Esercizio

Descrivete la gestualità delle mani di una persona con cui qualche volta avete avuto discussioni piuttosto accese. Continuando nella lettura capirete cosa vi stavano dicendo le sue mani.

3. Mani ferme o in movimento

Andrea, un bambino molto grazioso di tre anni e mezzo, il figlio di un mio carissimo amico, ogni volta che mi vede mi corre incontro per abbracciarmi. Un giorno mi ha raccontato entusiasta della sua visita con il padre allo zoo. La sua descrizione è stata veramente coinvolgente e, per un esperto di linguaggio del corpo, molto interessante. Andrea, come ogni bimbo della sua età, usa la gestualità in modo clamoroso; con le sue manine descrive ciò che ha visto, abbraccia, afferra e schiaffeggia con grande disinvoltura. Solo in rarissimi casi si irrigidisce e arresta il movimento delle sue mani. Gli capita per esempio quando viene rimproverato e sa di aver sbagliato. E ancora gli capita nei primi minuti in cui si trova in una casa che non conosce, per una visita ad amici dei suoi genitori.

Ora vi chiedo, qual è la differenza tra un bimbo e un adulto?

Basta invertire le proporzioni. Nel bambino non c'è quasi mediazione tra pensiero e azione, mentre l'adulto trovandosi in certe situazioni comincia a chiedersi: "Cosa penserà l'altro di me se faccio questo?", "In questa situazione è meglio non mostrare eccessivo coinvolgimento?", e ancora: "Una persona che ricopre il mio ruolo come dovrebbe essere?".

Ora vi pongo una domanda: "Quand'è che ritornate un po' come Andrea?". Probabilmente quando vi trovate a vostro agio, o siete coinvolti in qualche discussione tanto da zittire i vari "se" e "ma". Tanto **più c'è partecipazione** e tanto più è noto il contesto in cui vi trovate, tanto minore sarà l'autoanalisi a cui vi sottoporrete e conseguentemente la vostra **gestualità sarà maggiore**.

Viceversa, quando si prova per qualsiasi motivo un po' di **tensione, le mani tenderanno a immobilizzarsi**, verranno nascoste dietro la schiena o in tasca o si bloccheranno l'una con l'altra.

Se durante una conversazione notate l'interlocutore gesticolare parecchio, egli probabilmente ha molto a cuore ciò di cui vi parla e non teme giudizi negativi. Se a vostra volta volete esprimere partecipazione e apparire disinvolti, cercate di non bloccare i vostri movimenti, assumete un tono di voce caldo ed energico.

4. Mani aperte in evidenza e mani nascoste

Avete presente qualche film in cui i protagonisti approdano per la prima volta in una terra sconosciuta? Qual è la prima cosa che fanno per mostrare agli abitanti del luogo che hanno intenzioni amichevoli e positive? Mostrano i palmi delle mani.

Tale atto dice all'inconscio dell'altra persona: "Ok, puoi fidarti di me, non ho nulla da nascondere".

Se qualcuno nel dialogare vi mostra i palmi delle mani vi sta dicendo: "Sono disponibile, onesto, non ho intenzione di aggredirti".

Esiste poi una variante che significa sottomissione. Avete presente come il mendicante chiede l'elemosina? Con il palmo totalmente rivolto verso l'alto. Questo gesto è detto appunto "posizione del mendicante".

All'opposto, se chi avete di fron-

te tiene le mani in tasca, sotto il tavolo o bloccate, magari stringendo i braccioli della sedia, può darsi che stia nascondendo qualcosa o che semplicemente non si stia esponendo al 100%. Del resto, pensate a quando eravate bambini e vi capitava di dire una bugia per qualche vostra marachella. Non tenevate forse le mani nascoste dietro la schiena?

Rimaniamo ancora sul gesto delle mani dietro la schiena. Se nella maggior parte dei casi il messaggio è quello precedentemente detto, è pur vero che nel contesto specifico della seduzione può assumere un'altra valenza. Soprattutto la donna, infatti, potrebbe adottare questa posa per indicare **la sua resa**. Non difendendo più i suoi punti vitali e bloccando le mani come per impedire che queste possano autonomamente andare a toccare l'altro, vi rivela il suo gradimento per voi. Il messaggio nascosto che vi fornisce questa persona è: "Preferisco non essere io a guidare la situazione". Tenetelo presente, se siete un uomo, nella scelta del tipo di approccio. Evitatene uno troppo docile e sottomesso e orientatevi invece verso un comportamento più virile e risoluto.

5. Tutti i gesti delle mani

5.1. Palmo aperto verso il basso

Non di rado vi sarà capitato di osservare questo movimento quando ordinate al cane: "Stai a cuccia!", o qualcosa di simile.

Trattando con una persona che vi chiede qualcosa con il palmo rivolto in basso, la richiesta assume inconsciamente il significato di un **ordine**. Questo gesto è da considerarsi di **autorità**, poiché determina un'altezza differente rispetto alla propria. Metaforicamente il messaggio è: "Tu sei più in basso di me e quindi io decido cosa devi fare".

Consiglio di usare tale movenza solo se realmente la vostra intenzione è quella di dare un comando.

5.2. Mani con pollice in vista

Il pollice è il dito dell'ego, esporlo significa imporre ciò che il proprio ego vuole e decide. Non è forse vero che l'imperatore usava il pollice per decidere la sorte dei gladiatori nelle arene?

Tenere i pollici in vista è un **segno di dominio**, **di superiorità** e **talvolta di aggressività**. Quando una persona mostra i pollici è come se si sentisse, in quell'occasione, un po' imperatore. Quando si cerca di nascondere tale aggressività non di rado capita di osservare pollici in vista, anche se con le mani in tasca.

Supponiamo che stiate illustrando al vostro capo una nuova idea e a un certo punto notiate il gesto della foto. Con esso vi vuole ricordare che la sua carica è più importante della vostra.

Se pensate che vi convenga accettare questo rapporto di forze, allora procedete come sto per suggerirvi. Aggiungete al discorso una frase di questo tipo: "Naturalmente, data la sua esperienza, mi piacerebbe sapere cosa ne pensa". Questo è solo un esempio, è bene comunque proferire parole che testimonino il suo valore e il vostro rispetto per lui. Mentre lo fate, mostrate a vostra volta i palmi delle mani per indicare massima disponibilità.

5.3. Mani a cuneo

Questa gestualità è riscontrabile in persone **molto sicure di sé**, che non vedono l'ora di **manifestare la propria superiorità soprattutto intellettuale**.

La gestualità con mani a cuneo puntate verso l'alto è propria di, chi chiacchierando con voi, ritiene di avere una preparazione superiore alla vostra e intende dimostrarlo con le sue parole.

Quando il soggetto è in ascolto e prova le stesse sensazioni, tenderà

a **puntare le mani a cuneo verso il suo interlocutore**. In questo caso il messaggio non verbale può essere così decodificato: "Inutile che continui a parlare, ho già capito tutto e **ne so più di te in merito**".

Il consiglio, in questo caso come in quello precedente, è di valutare l'obiettivo della vostra comunicazione. Se volete rientrare nelle grazie della persona che avete di fronte e che adotta tali movenze, appagate anche a parole questo suo senso di superiorità, mantenendo tuttavia un tono determinato ed evitando così di sembrare eccessivamente accondiscendente.

5.4. Indici esposti uniti e mani a pistola

Gli indici esposti rivelano, come il segnale precedente, che siamo di fronte a una persona **molto sicura di sé** e che **pensa di essere superiore**, ma in questo caso essa avverte disagio per non poter esprimere liberamente ciò che pensa.

La sensazione di disagio è ancora più forte se le mani sono a pistola. Questo gesto indica metaforicamente che se potesse vi sparerebbe.

5.5. Mani a pugno

Se le mani aperte e il palmo rivolto verso l'alto sono il massimo segnale di disponibilità, viceversa, mani chiuse a pugno ci rivelano che la persona è pronta ad attaccare. Non vi spaventate, non necessariamente sta per farvi un occhio nero, si tratta di una predisposizione all'**aggressività** che probabilmente potrà manifestarsi attraverso ciò che dirà. Tuttavia, se questa persona volesse, potrebbe tranquillamente misurare le sue parole per non mostrarvi il suo stato d'animo, del resto tutti sappiamo che è facile tenere sotto controllo il nostro "verbale". Non altrettanto semplice, per chi prova rabbia, è controllare il volume della voce, che tenderà a crescere, e il tono, che diventerà stizzito e aggressivo. Cercate di prestare attenzione a questi aspetti.

Se la persona mentre stringe il pugno lo osserva o si guarda in giro, l'aggressività è rivolta verso l'argomento della discussione o la vostra proposta. Viceversa, se mentre stringe tiene lo sguardo fisso su di voi, il sentimento travalica le questioni in oggetto fino a diventare un fatto personale.

Se poi dentro al pugno tiene un oggetto, il messaggio inconscio è: "**Ti vorrei stritolare**".

5.6. Mani intrecciate

È un segnale che rivela **tensione**. È uno dei gesti che si mettono in atto per scaricarla a livello fisico senza dare troppo nell'occhio. Potrete riscontrarlo guardando alcuni quiz televisivi, nel momento in cui il concorrente sta per scoprire se ha vinto la posta in palio. Generalmente più le mani sono intrecciate verso la parte alta del corpo più la tensione trattenuta è forte.

Mettiamo, per esempio, che dobbiate affidare un certo compito a un vostro collega o collaboratore e che a un certo punto assuma questa postura. È bene che consideriate l'eventualità che non obbedirà volentieri ai vostri ordini o che ciò che

dite gli procuri un certo disagio interiore. Cercate di indagare il motivo di tale disagio, così facendo eviterete che svolga male il compito assegnatogli.

5.7. Mani intrecciate sul grembo

Prevalentemente femminile, questa posizione indica **grande disponibilità verso l'altro (attrazione)** se accompagnata da una **postura rilassata** e braccia a semicerchio. Al contrario, se le mani sono molto strette e la postura è tesa indica esattamente l'opposto.

5.8. Mani ferme una sull'altra

Questa posizione rivela una **finta disponibilità** da parte del vostro interlocutore. Probabilmente vi ascolta per educazione, ma lo state annoiando. Il significato metaforico è: "**Non muoverò un dito per te**".

Esempio: siete seduti di fronte a un superiore e gli chiedete di valutare con la direzione generale un aumento di stipendio. Lui, conservando per quasi tutto il tempo questa postura, vi dice: "Farò tutto il possibile". Dal momento che è probabile che in realtà non faccia nulla, formulate una domanda come: "Mi piacerebbe sapere come pensa di procedere?", e aggiungete con tono soddisfatto ed entusiasta: "Quando posso tornare per avere la bella notizia?". Se noterete che, in seguito alle vostre domande, divaga o si spazientisce, forse è il caso che non vi rivolgiate solo a lui per ottenere l'aumento.

Se vi trovate nel corso di una trattativa commerciale e captate tale atteggiamento, meglio chiedere all'altra persona di mettere per iscritto ciò che vi promette o specificare quando e in che modo ha deciso di agire in vostro favore.

5.9. Sfregarsi le mani

Quante volte vi è capitato, in situazioni in cui eravate particolarmente felici, ad esempio per una proposta di lavoro ricevuta o per l'invito da parte di una bella donna o un bell'uomo, di sfregarvi le mani? Avete notato il ritmo di questo movimento? In genere in tali situazioni è effettuato velocemente. Tale segnale

indica infatti la **soddisfazione** per la conclusione di un **affare vantaggioso per tutte le parti** in gioco.

Viceversa, quando si prova un senso di colpa, i muscoli tendono a inibire il gesto e a rallentarlo. Mentre il gesto rapido non subisce una mediazione della parte razionale, quando il movimento rallenta significa che c'è un filtro mentale, un

5.9

5.10. Mani sui fianchi

Questa posizione, associata a gambe divaricate, permette di aumentare lo spazio psicologico e lascia esposti tutti i punti vitali del corpo (ascelle, petto e genitali). È quindi una postura che assume significato di tipo **aggressivo** e dimostra **grande sicurezza interiore**. È la posizione di chi rivendica la propria autorità o di chi crede di dover avere l'ultima parola.

5.10

possibile conflitto interiore.

Pensate per esempio ai gesti dei loschi personaggi di alcuni film o cartoni animati (il terribile signor Burns dei Simpson, ad esempio). Oppure, immaginate di essere in un autosalone, state quasi per comperare l'auto e il venditore sfregandosi lentamente le mani vi dice: "Stai proprio per fare un affare". Quale sarebbe la vostra percezione, in questo caso?

Probabilmente la maggior parte di voi penserebbe, giustamente, che l'affare lo stia facendo solo lui e che a voi sta dando una fregatura. **Sfregarsi le mani lentamente indica di solito la soddisfazione per la conclusione di un affare a danno dell'altro**.

Ricordando la postura dell'uomo mentre urina, questo atteggiamento richiama un archetipo tipicamente maschile e ha un triplice scopo: esporre i genitali come simbolo di coraggio, mostrare il fallo per rivelare agli altri la propria mascolinità e segnare il territorio come fanno gli animali.

E se fosse una donna ad assumere tale comportamento? In tal caso siamo di fronte a quella che Freud definirebbe "invidia del pene" ed è probabile che anche in altri ambiti della sua vita questa donna abbia un atteggiamento virile e un po' mascolino.

Per comunicare con chi si trova in tale posizione senza arrivare allo scontro, mostratevi accondiscendenti e rispettosi della sua autorità, utilizzando frasi come: "Se lei è d'accordo…", "Se gradisce…".

Viceversa, se volete sfidare tale individuo senza proferire parole minacciose, assumete la stessa postura e invadete il suo spazio psicologico avvicinandovi.

5.11. Variante con gambe chiuse

Le mani sui fianchi con gambe chiuse rivelano una sorta di conflitto interno tra ciò che si desidera mostrare agli altri (aumento dello spazio psicologico soltanto nella parte alta del corpo) e ciò che si prova dentro (senso di paura, dimostrato dalle gambe, che rappresentano la parte istintiva, tenute rigide e serrate).

5.12. Mano che blocca il polso dietro la schiena

Bloccare una mano dietro la schiena è un tentativo di impedirle di sferrare un colpo, è quindi una posizione di **aggressività trattenuta**.

Più si blocca il braccio in alto e maggiore è l'aggressività che si sta trattenendo. Probabilmente chi fa questo gesto si sta limitando nel dire ciò che veramente pensa, in quanto le sue parole sarebbero cariche di veemenza.

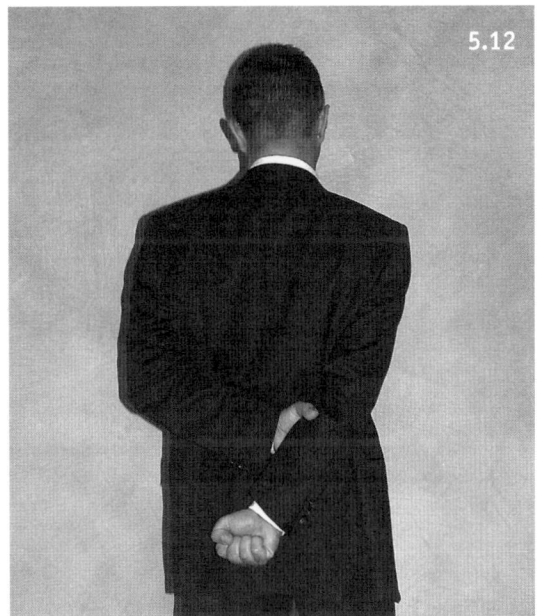

5.12

5.13. Mani dietro la testa

In questo modo si lasciano esposte ascelle e petto, due punti che sono considerati vitali per la nostra integrità. Inoltre, intrecciare le mani dietro la testa è sinonimo di spavalderia. Il soggetto in questo caso non si sente minimamente attaccabile, infatti è più difficile usare le mani per parare un colpo quando si intrecciano le dita dietro la testa.

Si possono abbinare tali atteggiamenti solo quando ci si sente **molto sicuri di sé** ed eventualmente **superiori agli altri**. Mettendosi in questa posizione si è percepiti come **arroganti e spavaldi**.

Un mio collega fu interpellato per aiutare il selezionatore del personale di una grande azienda, che era in cerca di figure di alto livello da inserire nel proprio organico. Si presentò un giovane molto spigliato, che con poche battute riuscì a conquistare il selezionatore dell'azienda.

In una fase avanzata del colloquio fu specificato al candidato che l'azienda stava cercando una persona competente ma umile e in grado di ascoltare i consigli dei colleghi più esperti. Lui affermò di essere disposto a farlo, peccato che contemporaneamente intrecciò le mani dietro la testa e assunse la posizione che vedete rappresentata nella foto.

Il selezionatore, non ascoltando le perplessità espresse dal mio collega su quel gesto, assunse comunque il candidato. Trascorso un mese l'azienda ci telefonò per istruire i suoi selezionatori a leggere meglio il linguaggio del corpo, dal momento che erano stati costretti a licenziare quasi subito il ragazzo.

Attenzione, però! Il significato di alcuni gesti cambia a seconda del contesto. Nella fattispecie, se tale posizione è assunta in presenza di amici molto intimi il significato può essere opposto: "Mi sento talmente al sicuro qui con te che posso rilassarmi ed esporre tutti i miei punti vitali senza timore". In contesti molto familiari, dunque, la sicurezza che si cela dietro tale postura indica uno stato di profonda fiducia e tranquillità interiore.

5.14. Tamburellare con le dita

È espressione di **impazienza**. Può darsi che il vostro interlocutore sia stanco di ascoltarvi, non veda l'ora di chiudere il discorso o di avere spazio per parlare. Più aumenta la velocità del gesto, più l'impazienza aumenta.

Il consiglio in questo caso è di chiedere all'altro un parere per coinvolgerlo nel discorso, oppure di congedarlo e riprendere il discorso in un altro momento.

Se siete davanti a una persona permalosa, o che vuole attirare la vostra attenzione, evitate tale movenza. All'opposto, se desiderate comunicare in maniera elegante che vorreste andar via, questo segnale verrà facilmente riconosciuto anche da un non esperto di linguaggio del corpo.

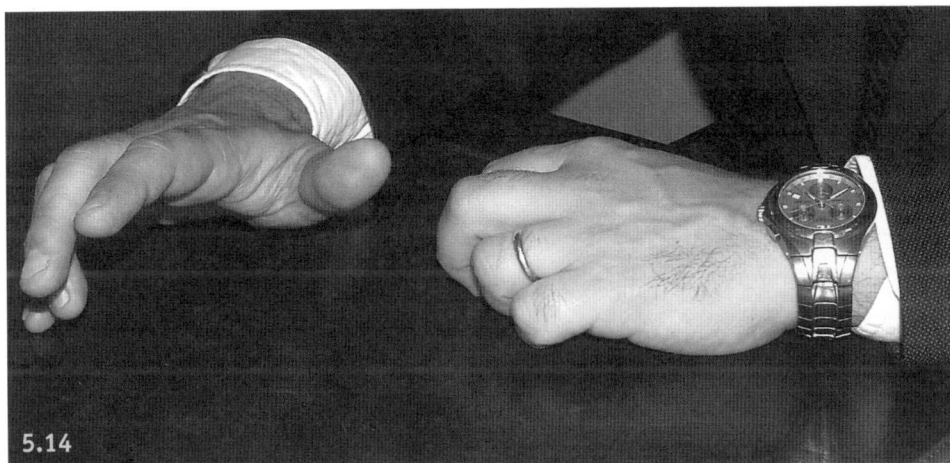

5.14

5.15. Mostrare il polso

Quando si è interessati a qualcuno spesso si compiono dei gesti che permettano di mostrare questa parte del corpo (sono soprattutto le donne a farlo), il polso è infatti considerato una zona particolarmente erogena.

Osservando una donna che tiene la sigaretta in un certo modo, o accorcia le maniche del maglione, per esempio, molto probabilmente siete di fronte a un **tentativo di seduzione**.

Pensate anche al fatto che, a livello di mappatura riflessologica, in questa zona sono situati i punti riflessi degli organi genitali e degli ormoni sessuali.

Anche gli autocontatti col polso (movimenti come carezze o sfregamenti) potrebbero quindi voler dire: "Mi piacerebbe entrare in contatto con te, ma, non potendo farlo, entro in contatto con una mia zona erogena riflessa".

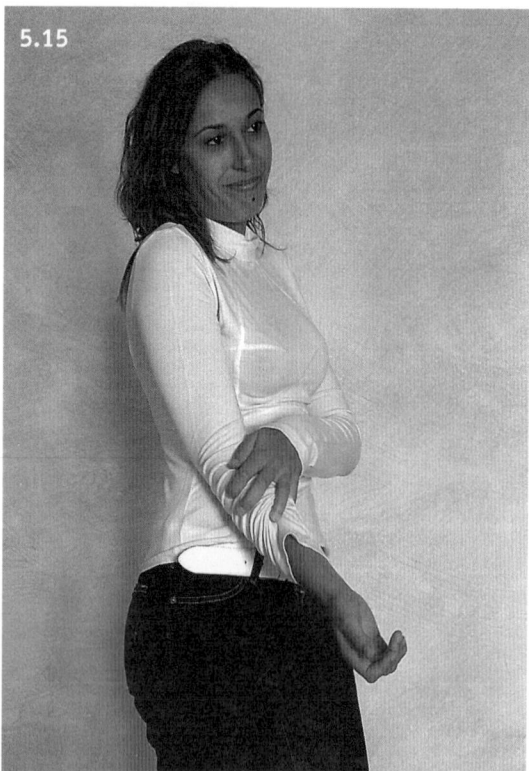

5.15

5.16. Mano sudata

Se vi trovate in una sauna, o se è piena estate, e il vostro interlocutore ha la mano sudata, cosa significa? Assolutamente nulla. Se questa reazione si manifesta in altri contesti, una persona può avere la mano sudata perché sente ansia, sta provando uno **stress emotivo** o comunque non si sente a proprio agio. Tenetelo presente e stabilite un rapporto il più possibile rassicurante con questo soggetto. Ad esempio, evitate di fare domande troppo personali, di spingerlo a prendere un impegno "qui e ora", di costringerlo a svelare a tutti i costi cosa pensa riguardo a una certa questione.

Con le vostre parole, il modo di parlare e il corpo, mandategli questi tre messaggi: "Stai tranquillo!", "Non sei obbligato!", "Non c'è fretta!".

5.17. Mano fredda

Alcuni studiosi ritengono che una mano fredda e umida sia spesso associata a un temperamento introverso e tendenzialmente inibito. Il soggetto potrebbe essere dotato di uno scarso ottimismo e magari anche un po' apprensivo, con la tendenza a fissarsi troppo sui problemi.

Per una miglior comunicazione potreste esordire con un apprezzamento sincero, ricordandovi di non essere troppo invadenti ed evitando di entrare nella sua sfera personale.

6. Le dita

6.1. Carezzarsi alcune dita

Osserviamo questo particolare movimento in situazioni in cui si è attratti dall'altro. In un incontro romantico indica **voglia di tenerezza ed è utilizzato per esprimere interesse e gradimento**. Tale gradimento, in altri contesti quali un incontro di lavoro o un colloquio con una persona dello stesso sesso, sarà riferito alle vostre parole.

6.2. Pollice

Il pollice è il **simbolo dell'ego**, ostentarlo è come mettere **in evidenza la propria superiorità**. Se si osserva una persona che sta parlando fare il gesto rappresentato in foto è probabile che stia portando il discorso su di sé.

Colui che ascolta e associa a questo gesto braccia incrociate o mani in tasca rivela a chi sa osservare il tentativo di **nascondere la propria voglia di prevaricare**. Chi invece non vuole esser osservato ed è in un momento di incertezza interiore tenderà a nascondere i pollici tra le altre dita.

6.2

6.3. Indice

È il dito del **comando** e **dell'arroganza** e quindi consigliamo a coloro che lo sventolano in faccia all'interlocutore di moderarne l'uso, a meno che non vogliano **apparire antipatici**. Se lo puntate direttamente addosso a qualcuno è come se metaforicamente lo steste "trafiggendo".

In particolare, se lo usate per in-

dicare qualcosa è meglio farlo con il palmo rivolto verso l'alto. Questa posizione indebolisce un po' il tono imperativo ed è quindi generalmente più ben accetta.

6.4. Medio

Quando il vostro interlocutore evidenzia il medio, magari toccandolo, vi mostra il suo **bisogno di essere riconosciuto e apprezzato**. È bene rassicurare l'altro anche a parole, e ribadire, se effettiva, la vostra stima per lui e per quanto ha fatto.

6.5. Anulare

Su questo dito le persone sposate o fidanzate indossano l'anello. Potremmo definirlo quindi il **dito delle relazioni**. Sfiorandosi questo dito in presenza del proprio partner si ribadisce l'amore e l'attrazione provate per questa persona.

Stimolandolo davanti a una persona di sesso opposto che non sia il proprio compagno, si rivela simbolicamente **l'attrazione** per quest'ultimo. Tale gesto è rafforzato se il mettere e togliere l'anello è continuo, in questo caso si sta rivelando la propria disponibilità, almeno inconscia, nei confronti di chi si ha di fronte.

"buon viso a cattivo gioco".

Ripercorrete mentalmente gli ultimi passaggi della conversazione. Se pensate di aver detto qualcosa di potenzialmente offensivo, non aspettate che la vostra interlocutrice scagli l'attacco: prevenitelo presentando le vostre scuse.

Anche se convenzionalmente l'anello viene indossato sulla mano sinistra, in realtà l'essere umano attribuisce anche all'anulare dell'altra mano lo stesso significato, e quindi anche quando osservate sfioramenti sulla mano destra la valenza del gesto è la medesima.

6.6. Guardarsi le unghie

Tale comportamento, compiuto solitamente dalle donne, ha una valenza aggressiva. Chi lo attua sta dichiarando: "Stai attento, perché ho buoni artigli". È improbabile in questo caso che la persona passi all'azione o attacchi verbalmente, piuttosto cercherà di reprimere la sua frustrazione con un sorriso tirato, facendo

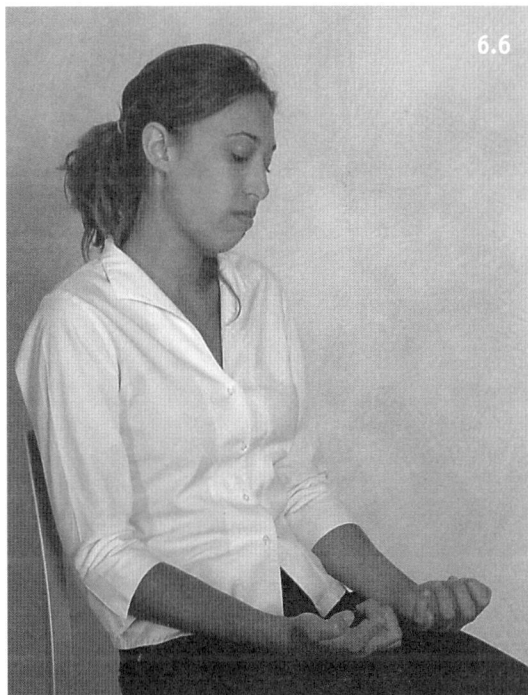

6.7. Far schioccare le nocche

È un gesto di **aggressività trattenuta**. Alcuni soggetti, quando sono impossibilitati a reagire in modo energico, **scaricano** così **la tensione**.

6.7

Chi si sta liberando in questa maniera si sente in qualche modo minacciato dalle parole ascoltate o dal comportamento del suo interlocutore, sarebbe quindi utile rendere espliciti, con le dovute argomentazioni, gli intenti positivi e la buona fede che sono alla base delle vostre proposte. Possiamo dire per esempio: "È legittimo che tu abbia dei dubbi, ecco perché ci tengo a sottolineare… (elencare i buoni propositi alla base dell'idea)".

7. Esercizio

Basandovi sulla descrizione della discussione accesa che avete precedentemente compilato, individuate il messaggio non verbale trasmesso dalle mani del vostro interlocutore.

Da ricordare:

Le mani possono fornire innumerevoli informazioni, ed essendo una delle parti del corpo più facilmente osservabili è bene dedicare loro un'attenzione particolare.

Provate nel corso di questa settimana a concentrarvi, ed eventualmente ad annotare sul vostro taccuino tutti i movimenti che vedete effettuare con tale segmento corporeo.

Sintetizzando quanto esposto nel capitolo, possiamo dire che quando il movimento delle mani è inibito siamo di fronte a un segnale di tensione, mentre con le mani in movimento si esprimono partecipazione e disinvoltura.

Capitolo quinto

Le strette di mano

Il nostro biglietto da visita non verbale

1. Come stringete la mano?

La stretta di mano è un po' il nostro biglietto da visita. Quando ci si presenta per la prima volta a una persona, tuttavia, spesso non si presta nessuna attenzione a questo atto.

Qualche anno fa andai con il mio socio a frequentare un corso sulla comunicazione non verbale. Il docente spiegò che la stretta di mano va data sempre alla pari (ossia con la mano di taglio, perpendicolare al suolo) e non menzionò alternative. In effetti, proseguendo nella lettura, vi accorgerete che anche noi consigliamo nella maggior parte delle occasioni di dare tale stretta. Tuttavia vi renderete conto anche che questo consiglio non si può sempre rispettare.

La stretta infatti rappresenta il nostro biglietto da visita proprio perché nasce da un impulso inconscio a rivelare un nostro bisogno, una

nostra pulsione interna. In questo capitolo spiegheremo quali bisogni possono rivelarci i diversi modi di stringere la mano. In particolare impareremo a riconoscere quando chi vi dà la mano ha l'esigenza di essere guidato da voi e quando è orientato a essere lui il leader, oppure quando predilige rapporti di tipo più familiare e amichevole a rapporti freddi e distaccati.

Essendo un gesto che fornisce molte utili informazioni, il consiglio è quello di raccogliere i dati e assecondare il tipo di stretta dell'altro. Non ritengo utile invitarvi ad andare contro la tendenza inconscia altrui, ma viceversa può decisamente aiutarvi nel costruire una relazione conoscere in anticipo ciò che l'altro desidera e utilizzare questo dato di fatto per rendere più semplice il vostro rapporto.

2. Stretta alla pari

È quella data con la mano in posizione perpendicolare al pavimento. Si usa tra due persone che si stimano e in cui nessuna delle parti vuole essere sottomessa o sottomettere l'altra. Esse si percepiscono allo stesso livello. Presentandovi in tal modo a una persona andrete sul sicuro.

3. Bisogno di essere guidati

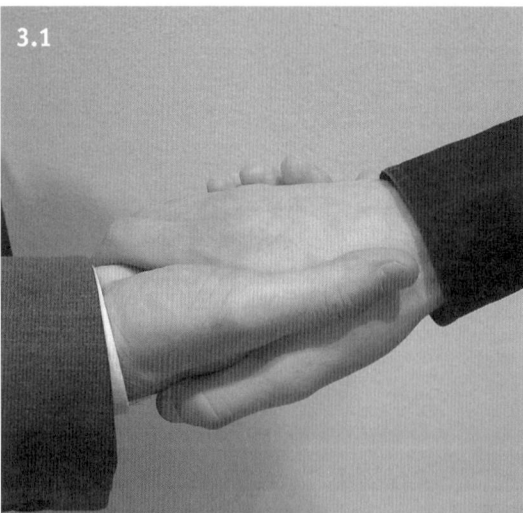

Le modalità con cui si rivela questo stato di bisogno sono:

1. La **stretta del mendicante**, effettuata con **il palmo all'insù**. Essa è indicativa di una posizione di **sottomissione** e di un atteggiamento di debolezza. Stringendo in tal modo, l'altro rivela una buona predisposizione a eseguire ordini senza obiettare.

2. Stretta a **buccia di banana**: chi stringe la mano in questo modo trasmette un messaggio di insicurezza. Risulta la stretta più odiosa da ricevere. Chi vi sta davanti potrebbe avere un carattere timi-

do, sfuggente e introverso. L'interpretazione che se ne fa di solito è quella di una persona **senza spina dorsale**.

3. **Piegare il braccio** e portare il **busto verso l'altra persona**. Compiendo una sorta di inchino, si manifesta inconsciamente **disponibilità** e, a volte, sottomissione.

Quando raccogliete tali indicazioni, il consiglio è quello di mostrarvi disponibili e rassicuranti. Tenete conto del fatto che la persona con cui state parlando preferirà che siate voi a fare proposte e a dare indicazioni e state anche attenti a non farlo sentire minacciato. Evitate ad esempio toni troppo imperativi e rispettate le sue distanze psicologiche. Otterrete così in breve tempo la massima collaborazione e aiuterete l'altro a diventare più intraprendente.

4. Voglia di comandare

Colui che sente di essere leader e che vuole guidare e imporre la sua volontà agli altri adotterà i seguenti tipi di stretta:

1. **Stretta a palmo all'ingiù**, che vi costringe a rispondere dando il palmo rivolto verso l'alto. Il messaggio è chiaro: "Voglio avere la meglio". È usata da chi è abituato a comandare o da chi vorrebbe farlo. È probabile che chi si pone in questo modo cerchi di prevaricare o si consideri superiore.

2. **Stretta con forza eccessiva**. Chi possiede un carattere **competitivo**, stringe la mano con eccessiva forza, guarda dritto negli occhi con sguardo penetrante e accenna appena a un sorriso. Con una stretta così eccessivamente vigorosa, la persona vi vuol far capire fin da subito che è lui il più forte. L'unica contromossa possibile è urlare di dolore.

3. **Stretta con il gomito piegato contro il fianco e la schiena diritta**. In questo modo si sbilancia l'interlocutore, che è costretto a piegarsi, facendo una sorta d'inchino.

4. C'è anche, chi dopo avervi afferrato, vi **tira verso di sé**. Anche queste, di solito, sono persone **autoritarie** e poco aperte al dialogo, che tenteranno di prevaricarvi.

5. Infine, nella **stretta con mano sulla spalla** la mano che spinge verso il basso indica che siete di fronte a una personalità dominatrice e la pacca ha spesso lo scopo di farvi inchinare al suo cospetto.

In base a questo tipo di informazioni, sappiate che alla persona che avete di fronte piace comandare il gioco e avere il pieno controllo della situazione.

Se voleste convincere un individuo di questo tipo, piuttosto che cercare un difficile incontro di idee provate ad attribuire a lui e alle sue capacità ciò che voi avete pensato. Per esempio dite: "Probabilmente hai già preso in considerazione questa ipotesi e quest'altra (date due ipotesi a cui voi in realtà state pensando), quale ti sembra la migliore?".

Ribadisco quanto sia sconsigliabile reagire a strette di questo tipo, tuttavia, se proprio ne avvertiste il bisogno, ecco come potete farlo utilizzando il vostro corpo.

5. Ristabilire la parità nella stretta

Prima tecnica

Fare un passo in avanti con il piede sinistro, poi uno con il piede destro spostandovi verso sinistra e infine entrate nello spazio dell'altro con il piede sinistro. In questo modo la stretta verrà riportata naturalmente in posizione paritaria, e avvicinandovi molto all'altro invaderete il suo spazio.

L'unico inconveniente di questo procedimento è che bisogna essere svelti nel capire che l'altro vuole dare una stretta dominante. Un modo per riconoscerlo immediatamente è quello di osservare la traiettoria del braccio, quando compie una parabola arcuata è probabile che stia per darvi una stretta da dominante.

Seconda tecnica

Se volete mettere proprio in imbarazzo l'altro, potete adottare la seguente strategia: quando l'altro vi porge la mano, afferratelo dall'alto in corrispondenza del polso lasciandolo con la mano penzoloni.

6. Preferenza per il non coinvolgimento emotivo

Chi desidera mantenere un certo distacco attua solitamente uno dei seguenti gesti:

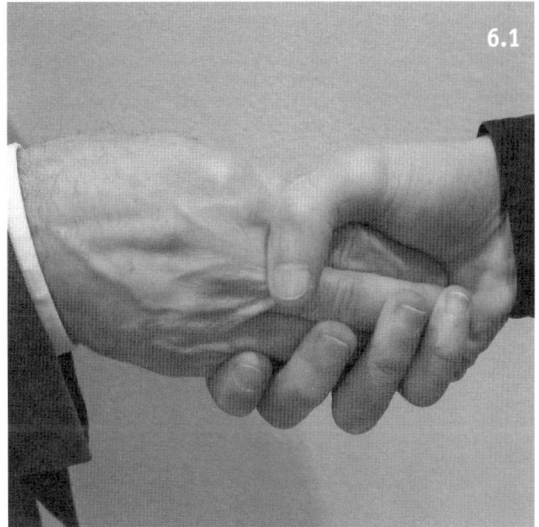

6.1

1. **Stretta a buccia di banana**: attenzione, questo modo di porgere la mano ha solitamente il significato sopra spiegato, ma in una piccola parte dei casi studiati è stato riscontrato anche in un secondo tipo di persone. Spesso fortemente manipolative, esse sono solite stringere (o meglio non stringere) in questa maniera, senza neanche guardare l'altro, poiché lo ritengono troppo inferiore. Il messaggio dato in questo caso è: "Non sei degno neanche della mia mano".

2. **Braccio teso**: il fine è quello di tenere l'altro a distanza, sta così comunicando che non vuole essere avvicinato troppo.

7. Preferenza per i rapporti familiari

Coloro che ricercano rapporti di tipo meno formale tipicamente saranno riconoscibili dai seguenti atteggiamenti:

7.1

1. **Stretta con doppio contatto**: chi stringe la mano e con la sinistra tocca l'avambraccio o il braccio dell'altro gli dimostra **affetto**, stima, ammirazione. È bene utilizzare questa modalità

solo con persone con cui c'è un rapporto abbastanza intimo, poiché per un estraneo può risultare un po' invadente e innaturale.

2. **Stretta con il cinque**: indice di una grande informalità e di un carattere giovanile e socievole. Se fatta con sconosciuti il risultato sarà probabilmente buffo e imbarazzante.

3. **Stretta con mano sulla spalla**: se il contatto con la spalla è più laterale, come per dare una pacca, questa stretta è amichevole e cordiale.

8. Esercizio

Nella prossima settimana, quando stringete la mano a qualcuno valutate la sensazione che questo contatto vi trasmette e fatevi dire dai vostri amici qual è la sensazione che passa attraverso la vostra stretta.

Da ricordare:
La stretta degli altri ci fornisce ottime informazioni sul tipo di relazione che l'altro intende instaurare. Ricordate che anche l'altro si formerà parte della sua prima impressione su di voi valutando la vostra stretta.
Esercitatevi dunque a stringere la mano ai vostri amici e fatevi dare un feedback. È un ottimo investimento di tempo per presentarvi nel miglior modo possibile.

Capitolo sesto

Gli autocontatti

Scoprire le esigenze inespresse
attraverso i contatti degli altri con se stessi

1. Autocontatti

Normalmente, i più attenti osservatori sono abituati a cogliere e decodificare i segnali non verbali della comunicazione, prestando particolare attenzione alla postura altrui, a come si gesticola e ci si muove. Raramente, tuttavia, si presta interesse a quei segnali che le persone offrono andando a sfiorare una parte del proprio corpo.

In questo capitolo analizzeremo in modo approfondito proprio questi ultimi segnali, che sono chiamati autocontatti. Attraverso le seguenti considerazioni, il lettore sarà in grado di decifrare con precisione le esigenze inespresse dei suoi interlocutori.

Mentre alcuni dei gesti fin qui spiegati rivelano in anticipo (rispetto alle parole) le intenzioni di coloro che stiamo osservando, nella quasi totalità dei casi gli auto-contatti restano l'unico indizio a disposizione di chi osserva, poiché non sono generalmente seguiti da alcuna espressione a livello verbale.

Ricordate che il fattore chiave per l'interpretazione di un gesto è sempre il contesto in cui questo viene osservato, dovete quindi accertarvi di aver raccolto sufficienti indizi che operano nello stesso senso.

2.1

2.1. Mani davanti alla bocca

Se il vostro interlocutore mentre parla si copre la bocca con la mano, è possibile che stia **mentendo od omettendo** qualcosa di rilevante. Il residuo morale che ognuno di noi possiede spinge a effettuare questo gesto, come se si volessero bloccare le parole che stanno uscendo dalla bocca.

Prima di arrivare alla conclusione certa che la persona stia mentendo, il consiglio è di cercare almeno tre segnali che verifichino la tesi (sono sintetizzati nell'ultima parte del libro). Se li osservate, allora agite con cautela, evitando accordi definitivi, e cercate di prendere tempo per scoprire le verità nascoste.

Durante uno dei miei seminari sulla comunicazione non verbale chiesi ai miei corsisti di raccontarmi qualche episodio in cui avevano osservato il suddetto atteggiamento.

Mario mi raccontò la seguente situazione. Si trovava in compagnia di un amico di vecchia data di nome Luca, il quale a un certo punto gli sconsigliò vivamente di invitare un altro loro conoscente a una cena, asserendo che questa persona non aveva simpatia per lui. Mario, che trovò strana questa considerazione, notò che l'amico nel parlare teneva spesso la mano davanti alla bocca e colse, tra l'altro, diversi altri segnali di menzogna. Notate queste incongruenze, iniziò a fare domande più specifiche per comprendere meglio la situazione effettiva. Fu così che scoprì la realtà dei fatti: era Luca a considerare l'amico comune uno scocciatore, e preferiva quindi non invitarlo a cena.

Come dimostra questo esempio, anche trattandosi di amici e di argomenti di non vitale importanza, grazie alla conoscenza del linguaggio non verbale è possibile evitare incomprensioni e malintesi.

2.2. Dito indice davanti alla bocca

Questa reazione viene stimolata automaticamente dalla nostra coscienza morale, che ci suggerisce: "**Non è ancora il momento di parlare**". Se chi vi ascolta compie tale gesto, probabilmente non ha chiaro qualcosa del discorso che avete fatto, oppure ha un'obiezione interna che non osa esprimere a parole.

Considerate che è difficile che l'altro presti un ascolto attivo mentre nella sua testa ronzano dubbi e perplessità, è quindi meglio invitarlo a intervenire con frasi come: "Cosa ne pensi?", oppure: "Quali punti ti sono poco chiari?".

2.3. Sfiorarsi il naso

Mentre il significato di coprirsi la bocca con la mano può nascondere un'ampia gamma di emozioni, per cui è bene individuare elementi di verifica prima di dedurre che siete in presenza di una menzogna, il gesto di toccarsi il naso ha un significato abbastanza univoco.

L'azione di **mentire** fa prudere le terminazioni nervose del naso e porta a sfiorarlo continuamente. Ricordate, in ogni caso, le regole dettate nel primo capitolo, ossia cercate sempre di verificare ciò che state notando attraverso l'individuazione di altri segnali con simile significato. Ad esempio, se accanto allo sfiorare il naso cogliete un aumento della frequenza degli auto-contatti o un maggior ammiccamento delle palpebre o alcuni dei gesti riassunti nel capitolo specificamente dedicato ai segnali di menzogna, allora è probabile che la persona con cui avete a che fare stia effettivamente mentendo.

2.4. Tapparsi il naso

In alcuni casi anziché una semplice "grattatina" si può vedere l'altro che si tappa il naso per qualche istante. Gli studi empirici sulla c.n.v. evidenziano che questo comportamento viene effettuato quando si è stan-

2.4

59

chi e si cerca di **abbandonare lo stato di stanchezza nel quale ci si trova**.

In realtà, è soltanto l'atto che consegue a questo gesto a essere significativo. Mi spiego meglio: tutti sappiamo che una profonda inspirazione può darci, specie in momenti di stanchezza, un senso di vigore ed energia. Ebbene, dopo esserci tappati il naso ci verrà naturale prendere un respiro profondo per fare una bella scorta di ossigeno e ci sentiremo più vitali.

Diverse tecniche di yoga, infatti, sfruttano gesti simili a questo prevedendo l'alternanza di compressione e decompressione per recuperare vitalità ed equilibrio interiore.

Riassumendo, per i motivi sopra esposti il movimento di tapparsi il naso è spesso associato al desiderio di abbandonare lo stato di stanchezza nel quale ci si trova. Se parlate a un pubblico e captate questo segnale, è conveniente fare una pausa ristoratrice e magari prendere una boccata d'aria, prima di proseguire.

2.5

2.5. Stropicciarsi gli occhi

In alcuni casi è stato osservato che questo gesto può essere un escamotage per distogliere lo sguardo. Il significato metaforico è: "**Non vorrei più averti davanti ai miei occhi**".

La prima cosa da fare per allentare la tensione è assecondare questo desiderio. Se siete posti frontalmente rispetto all'altro, ponetevi di lato. Può anche darsi che stiate mettendo l'altro a disagio fissandolo con troppa insistenza, cercate allora di guardarlo per non più di qualche secondo per volta.

In altri casi, questo atto è stato osservato anche in caso di **disaccordo non espresso verbalmente e menzogna**. Cercate di capire attraverso domande specifiche su quale punto del discorso l'altro sia in disaccordo, così da evitare probabili scontri futuri.

2.6. Sfregarsi l'orecchio

Questo gesto è simile a quello compiuto dalla scimmietta che non sente, o meglio che **non vorrebbe sentire**. La persona che lo attua vi sta comunicando che preferirebbe non ascoltarvi e ha seri **dubbi su ciò che state dicendo**. In una discussione di lavoro, rafforzate la vostra tesi adducendo a supporto prove inconfutabili e dati numerici, aiutandovi con l'utilizzo di grafici o testimonianze.

A volte osserverete tale gestualità quando la componente paraverbale (il modo in cui dite le cose: tono, ritmo, volume) risulta per l'altro sgradevole. Chiedetevi quindi se avete usato toni sarcastici o fastidiosi o se state parlando a voce troppo alta o particolarmente bassa.

2.6

2.7. Manipolarsi il lobo dell'orecchio

Come succede per capezzoli e genitali, i lobi diventano turgidi nello stato di eccitazione, a causa della congestione della ricca rete di capillari sanguigni che li attraversa.

In auricoloterapia[1] stimolando i lobi si agisce sul punto riflesso dell'ipofisi e una più intensa attività di questa ghiandola, tra le altre cose, contribuisce a mettere in circolo maggiori quantità di ormoni sessuali.

Il gesto viene compiuto per autostimolarsi quando si è in presenza di qualcosa che suscita attrazione anche a livello sessuale. Vedendo l'altro manipolarsi questo punto durante un approccio seduttivo significa che siete sulla buona strada.

2.8. Mordicchiarsi le unghie

L'effetto che si produce mentre ci si mangia le unghie è quello di scaricare la tensione, mostrando però anche a chi ci circonda tutto il nostro nervosismo.

Spesso si compie tale gesto anche quando si prova un certo **con-**

---

1 Scoperta dal dr. Paul Nogier nel 1951, è una riflessoterapia che sfrutta le proprietà riflesse del padiglione auricolare.

flitto interiore sul da farsi o si è in apprensione per qualche motivo. Se a un certo punto durante una conversazione la persona di fronte a voi d'un tratto inizia a mangiarsi le unghie, sappiate che la vostra priorità diventa dire e fare tutto il possibile per ricondurlo in uno stato di maggiore tranquillità.

Alcuni studiosi sostengono che l'onicofagia derivi da una masturbazione repressa.

2.9. Carezzarsi il mento

È la posizione di chi sta **valutando per prendere una decisione**. Essendo una fase delicata, è consigliabile non richiedere all'altro di prendere una decisione o di darvi subito un parere, meglio invece argomentare ulteriormente a favore della vostra tesi, tenendo d'occhio gli ulteriori segnali non verbali che seguiranno.

Se a tale movimento vengono associati segnali di apertura e gradimento vuol dire che avete centrato il bersaglio. Se dopo essersi carezzato il mento incrocia gambe o braccia sarà meglio riformulare la proposta in altro modo, in caso contrario seguirà un rifiuto.

2.10. Mano che sorregge la testa

Il soggetto che appoggia completamente la testa alla mano è chiara-

mente un soggetto **annoiato**. Se poi notate che, oltre ad avere la testa appoggiata alla mano, piano piano tende a scivolare verso il tavolo, allora lo state mandando in "trance ipnotica" e presto si addormenterà. Attirate nuovamente la sua attenzione con una battuta di spirito.

2.11. Mano contro la guancia e indice puntato in alto

Con tale postura l'indice entra in contatto con le tempie, zona associata all'attenzione e all'osservazione. Tale atteggiamento vi rivela proprio che il soggetto sta valutando **interessato** quello che dite. Se però a un certo punto la testa si inclina di

lato e la mano serve per sostenerla, vale quanto detto sopra: sta perdendo interesse.

2.12. Sfregarsi la nuca

Se mentre date un ordine, affidate un certo compito o effettuate un rimprovero, notate che l'altro si sfrega la nuca è probabile che vi consideri un rompiscatole.

Tale atteggiamento esprime una certa **frustrazione** dovuta al fatto di **non poter obiettare**. Se per esempio ordinate a vostro figlio di riordinare la camera e lui mentre risponde: "Va bene, lo farò", compie questo gesto, è probabile che stia pensando che siete uno scocciatore.

2.13. Tormentarsi il labbro

Generalmente è un segno di **disagio**, ma, se compiuto in presenza di una persona di sesso opposto, questo disagio può essere dovuto al fatto che la persona ci **attrae**. In questo caso il continuo giocare col proprio labbro diventa quasi un tentativo di **resistere alla tentazione di baciare chi si ha di fronte**.

3. Gesti con i capelli

3.1. Raccogliere i capelli

Una donna compiendo questo gesto dà un segnale di **chiusura**. Le vostre argomentazioni non stanno stuzzicando la sua curiosità o state esprimendo concetti che contrastano con i suoi principi.

Una conferma potrete averla se, come nella foto, la donna tiene i piedi incrociati e chiude gli occhi mentre si raccoglie i capelli. Nel caso stiate cercando di conquistarla è il caso di domandarvi se non stiate premendo troppo il piede sull'acceleratore.

3.2. Passare la mano tra i capelli

A livello metaforico i capelli sono una diramazione di ciò che sta dentro la nostra testa. Passarsi una mano tra i capelli esprime il desiderio di **mettere in ordine le proprie idee**. È probabile che abbiate espresso troppi concetti o idee e al vostro ascoltatore sarebbe gradita una breve sintesi, strutturata per punti, di quanto avete fin lì discusso.

3.2

3.3. Spostare i capelli

È tipicamente femminile l'atto di spostare delicatamente e lentamente i capelli dietro l'orecchio per evidenziare il collo. La persona che avete di fronte sta probabilmente **cercando di sedurvi**. La donna usa questo gesto per esprimere tutta la sua femminilità e la sua grazia, è quindi un segnale di gradimento e anche di attrazione sessuale verso di voi.

L'uomo, per lanciare lo stesso messaggio, tenderà a spostare lentamente i capelli lateralmente, evidenziando la zona della fronte.

3.4. Scostare i capelli all'indietro

Indicazione quasi opposta a quella precedente è data dall'atto di scostare i capelli all'indietro molto rapidamente e con decisione. Simbolicamente si sta comunicando di volersi buttare alle spalle quanto ascoltato fino a quel momento. In questo caso è possibile che l'altro non sia interessato alle vostre parole o non stia raccontando tutta la verità sull'argomento in discussione. Provate a individuare, se il discorso lo merita, i punti deboli della sua argomentazione.

3.5. Arrotolare i capelli intorno al dito

Un paio di anni fa un caro amico mi invitò a una festa in discoteca. Prima di tentare l'approccio con una ragazza mi chiese di osservare da lontano il suo linguaggio del corpo per captare i segnali non verbali. Dopo alcuni minuti, venne da me parecchio soddisfatto, esclamando: "È quasi fatta, ho visto che già da un po' si arrotola i capelli e quindi ho insistito sullo stesso argomento, quando tornerò da lei sicuramente mi darà il suo numero di telefono". Io lo guardai e gli risposi: "Effettivamente si stava arrotolando i capelli, peccato che stesse guardando per terra e talvolta si guardasse in giro. Credo che sia il caso di cambiare discorso e rimandare la richiesta del numero".

Scambiato talvolta per un segnale di seduzione, tale gesto cambia totalmente valenza in base ai gesti che si abbinano a esso. In sostanza, ci si arrotola i capelli come atto per ricercare piacere, per coccolarsi, quindi se l'altra persona lo esegue mentre guarda verso le vostre labbra o nei vostri occhi il messaggio è: "Mi procuri piacere", e quindi si tratta di un tentativo di seduzione; viceversa se lo sguardo è rivolto in basso o altrove, la persona, non essendo soddisfatta del discorso, ricerca piacere all'interno di sé.

4. Autocontatti verso il corpo

4.1. Toccarsi il corpo durante un approccio intimo

Talvolta capita di incontrare persone così attraenti e affascinanti che i nostri pensieri diventano un po' "piccanti". Se vi è capitato qualche volta, provate a pensare a cosa stavano facendo le vostre mani in quell'occasione. Probabilmente vi stavate accarezzando da soli. Quando le norme sociali non permettono di toccare l'altro, il nostro inconscio proietta su noi stessi il suo corpo.

Ecco perché, se in vostra presenza l'altra persona inizia ad accarezzarsi, vi sta rivelando che l'avete **sedotta**. Se anche voi siete interessati a lei, la vostra strada sarà d'ora in avanti in discesa.

4.2. Spolverare i propri vestiti

Spolverarsi i vestiti, rimuovere i peluzzi dalla giacca o togliere immaginarie briciole dalla tovaglia indica che si stanno facendo **pensieri non gradevoli** e metaforicamente li si vorrebbe spazzare via. È probabile che le vostre frasi non siano gradite, l'argomento metta in soggezione oppure le idee che esprimete non siano condivise.

Se captate tale segnale mentre parlate è probabile che seguirà un'obiezione, o peggio ancora essa rimarrà latente.

Immaginate questa situazione: Giorgio è un venditore di computer che conosce il linguaggio del corpo e a un certo punto entra in negozio un cliente a cui serve un portatile. In base a quanto richiede, Giorgio si sente di consigliare la marca X e inizia ad argomentare le caratteristiche di quel portatile, ma subito si rende conto che il cliente si spolvera il soprabito, che è in realtà perfettamen-

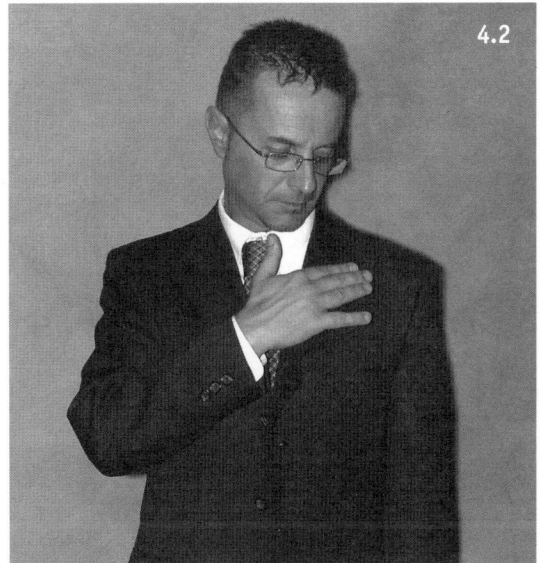
4.2

te pulito. Vediamo come prosegue la vendita.

Giorgio: "Naturalmente, questa è solo una delle possibilità, anche la marca Y e la marca Z sono ottime a livello di computer portatili".

Giorgio nota un segnale di gradimento verso la marca Y e argomenta al meglio le sue caratteristiche.

Cliente: "Sì, in effetti ho sentito degli amici che sono molto soddisfatti di questo modello, mi fa piacere che anche lei mi confermi le sue qualità".

Giorgio, grazie alla conoscenza della c.n.v. e alla sua flessibilità, e soprattutto senza mentire, ha poi venduto quel computer.

4.3. Sistemare la cravatta

Cosa vi ricorda la cravatta, se la osservate bene? Forse una freccia?

E dove indica questa freccia? Esatto, punta proprio verso i genitali maschili.

Quando chi vi sta di fronte si sistema la cravatta o la liscia, sposta automaticamente la vostra attenzione sui propri attributi. Per questo motivo se ci si trova tra persone di sesso opposto questo gesto rivela il **desiderio di passare a un piano di relazione più intimo**.

Indossata da una donna la cravatta indica la volontà di mostrarsi forte e determinata come un uomo.

4.4

4.4. Abbottonare la giacca

Se state conversando con qualcuno che a un certo punto si abbottona la giacca, significa che avete suscitato una reazione di **chiusura emotiva**. L'abbottonarsi equivale di fatto all'interposizione di una barriera tra sé e l'altro. In questo caso, raccogliete l'informazione e ponetevi l'obiettivo di riacquistare l'apertura dell'interlocutore. Cosa diversa è se la persona entra nella vostra stanza o nel vostro ufficio e nel farlo si abbottona la giacca. Questo potrebbe semplice esprimere il suo tentativo di rispettare le formalità.

4.5. Togliersi la giacca

A meno che non abbiate il riscaldamento impostato su temperature tropicali, il gesto di scoprirsi è da interpretare come un **segnale di apertura**. È probabile che abbiate rotto l'eventuale diffidenza iniziale, o che attraverso il vostro discorso abbiate trovato punti d'incontro.

Da ricordare

Gli autocontatti sono indizi molto preziosi, poiché rivelano esigenze che spesso non vengono esplicitate a livello verbale. Saperli decodificare vi permetterà di diven-

tare molto più sensibili e di comprendere al meglio le persone con cui interagite.

In molti casi gli auto contatti esprimono il nostro bisogno di essere rassicurati, in altri, quando il movimento viene realizzato nascondendo in toto o in parte bocca, occhi e orecchie, siete di fronte a una possibile menzogna o a una persona che non è pienamente convinta delle vostre parole.

Capitolo settimo

Le braccia

Il nostro scudo e la nostra spada nelle relazioni con gli altri

1. Le braccia

Le braccia sono le diramazioni attraverso le quali i nostri sentimenti e i nostri pensieri vengono espressi al mondo esterno. Esse costituiscono di fatto il nostro piano relazionale, ci permettono di prendere, di afferrare e di ricevere, ma anche di dare, di colpire e di proteggerci.

Prima di studiare nel dettaglio tutti i possibili gesti che si possono compiere con le braccia è importante fare una constatazione: nel nostro corpo ci sono alcuni punti che sono considerati di vitale importanza.

Per capire quali siano questi punti, vi pongo la stessa domanda provocatoria che generalmente rivolgo durante i miei corsi: quante volte vi capita che un estraneo, o anche un amico, vi tocchi il petto, le ascelle o i genitali? Probabilmente, a meno che non abbiate amici molto parti-

colari e stravaganti, avrete risposto "mai".

In generale il contatto con altre persone che conosciamo poco avviene dandosi la mano, o magari toccando il gomito o la spalla dell'altro per dargli una sensazione di maggior partecipazione.

Tra amici si può arrivare a una carezza sul viso, sulla schiena o persino a una pacca amichevole sul fondoschiena, al limite. Mai e poi mai oseremmo toccare qualcuno che non sia il nostro partner in uno di punti suddetti, né permetteremmo a qualcuno di farlo a noi. Pare che questi punti siano considerati da tutti vitali, particolarmente importanti e intimi.

Diverse, e talvolta bizzarre, sono state le spiegazioni a questo dato di fatto. C'è chi dice che si tratti di un retaggio storico di quando, indossando l'armatura, si dovevano proteggere le zone in cui la lancia dell'avversario avrebbe potuto infliggere ferite mortali. C'è chi sostiene che questi siano punti particolarmente delicati e che se colpiti accidentalmente possano subire danni rilevanti.

A prescindere dalle spiegazioni più o meno fantasiose che sono state fornite, il dato di fatto è che, in generale, tendiamo a proteggere questi punti tutte le volte che non ci sentiamo a nostro agio, ci sentiamo in qualche modo minacciati o abbiamo la sensazione di poter essere attaccati (anche verbalmente). Lasceremo invece esposte queste zone quando ci sentiremo interiormente sereni e non avvertiremo pericoli di nessun tipo.

Del resto, non è forse vero che, quando desideriamo dimostrare il nostro affetto a qualcuno, la nostra reazione immediata è quella di abbracciarlo e che quando siamo spaventati è quella di proteggerci facendoci scudo con le braccia? Allo stesso modo, quando esultiamo per il goal realizzato dalla nostra squadra del cuore e quando siamo felici ci viene istintivo aprire le braccia verso l'esterno. Viceversa, quando ci sentiamo a disagio, il nostro corpo, braccia comprese, si chiude a riccio.

In base a questa considerazione, potete facilmente intuire perché nel titolo di questo capitolo affermo che le braccia possono essere lo scudo del nostro corpo. Esse, andando a formare una barriera che si interpone tra il mondo esterno e il nostro corpo, servono a difendere il nostro io interiore, che in taluni casi si può sentire minacciato.

Bene, siamo d'accordo con lo scudo, ma perché possono rappresentare anche la nostra spada?

I motivi sono molteplici.

In primis considerate quanto spiegato nel capitolo relativo alla prossemica. Con le braccia in alcune posizioni, per esempio con le mani sui fianchi, espandiamo il nostro spazio psicologico e trasmettiamo all'inconscio altrui un segnale di aggressività, dominio e anche di sfida, in certi casi.

Considerate anche che, compiendo tale gesto, lasciamo esposti i nostri punti vitali, comunicando all'altro: "Non ho paura di te". Si tratta quindi di un atteggiamento di sfida. Infine, considerato che le braccia possono essere usate per colpire, esporre alcune parti di esse, come vedremo, serve proprio a incutere timore nell'altro.

Fatta questa lunga ma necessaria premessa, illustrerò ora i più tipici messaggi silenziosi che le braccia possono emettere.

2. Le posizioni delle braccia

2.1. *Braccia incrociate*

La posizione di braccia incrociate al petto è una delle cosiddette posizioni di **chiusura**. Come detto nella premessa, quando chi vi ascolta è in tale posizione, dimostra di avvertire una sorta di disagio interiore, provocato da un vostro comportamento o dalle vostre parole, e così pone tra se stesso e voi una barriera per impedire alle informazioni di raggiungerlo.

Un semplice atteggiamento di chiusura potrebbe non interferire sul buon esito del vostro scambio comunicativo. Il problema è che, quando un soggetto pone una barriera tra sé e voi, limita di fatto la sua capacità di ascoltare e di percepire le informazioni. Pare che tale barriera costituisca una sorta di filtro anche per la sua mente.

Pensate al seguente esperimento: vennero scelti a caso un centinaio di studenti e suddivisi in tre gruppi. Al primo gruppo fu chiesto di assistere alle lezioni scolastiche assumendo una postura di apertura totale, quindi con gambe e braccia aperte. Al secondo gruppo, invece, fu ordinato di assistere alle spiegazioni in posizione di chiusura, con gambe e braccia incrociate. Al terzo gruppo non vennero date informazioni circa la postura, rappresentavano semplicemente un gruppo di controllo.

A distanza di sei mesi dall'inizio della sperimentazione vennero fatti dei test per valutare la capacità di apprendimento dei ragazzi e si scoprì che coloro che erano stati costretti ad assumere atteggiamenti di chiusura avevano avuto punteggi decisamente più scarsi degli altri.

2.1

Diverse sono le cause che possono spingere la persona con cui parlate ad adottare una posizione di chiusura. Personalmente ho riscontrato che in un'alta percentuale di casi essa è assunta spesso quando esprimiamo argomentazioni che vanno al di fuori di ciò che l'altro conosce o che non concordano con le sue idee. Questo probabilmente provoca nell'ascoltatore un senso di disagio dovuto al suo dialogo interiore. Egli inizierà a dirsi: "Se ascolto ciò che mi viene proposto è come se accettassi di cancellare tutti gli sforzi che ho sopportato fino a ora per arrivare alla mia conclusione. Se non lo ascolto, perdo tempo".

Per esempio, se conoscete un medico di quelli "vecchio stampo", provate a chiedergli cosa ne pensa della naturopatia, dei fiori di Bach o della cristalloterapia e osservate la sua reazione non verbale. Probabilmente, anche se a parole si dirà possibilista, assumerà una postura di chiusura.

2.2. Braccia incrociate e mani che afferrano le braccia

Se la posizione precedente è paragonabile a una porta chiusa, questa è una porta chiusa a doppia mandata. Il disagio avvertito è forte e questa persona rifiuta in maniera categorica ciò che state comunicando.

A questo punto voglio raccontarvi una storiella classica della negoziazione. Anna e Maria sono due sorelle e stanno discutendo già da un'ora per dividersi un'arancia che entrambe vogliono. Tutte e due, adottando la posizione della foto, si mostrano irremovibili. Nessuna è disposta ad ascoltare l'altra. Non c'è accordo su come effettuare la suddivisione. Una afferma: "Io sono la maggiore e ho diritto ad avere una

parte più grande", l'altra ribatte: "Non mi interessa, io sono arrivata prima", e così via. Continuando così entrambe resterebbero insoddisfatte, sennonché Anna a un certo punto chiede a Maria: "Tu perché vuoi l'arancia?", e questa risponde: "Che domande, devo fare una spremuta". Anna a questo punto scoppia a ridere e afferma: "Potevi dirlo subito, a me serve la buccia per preparare un dolce".

La morale della storia è che talvolta il conflitto nasce da una differenza di vedute sulla strategia da seguire, ma se scoprite, indagando un po', qual è la reale esigenza che l'altro vuole soddisfare, può darsi che possiate immediatamente trovare una soluzione vantaggiosa per entrambi.

2.3. Braccia incrociate con pugni stretti

La posizione da difensiva assume connotazione **aggressiva**. **Il vostro interlocutore sta reprimendo la sua rabbia**.

Se notate tale comportamento nel vostro ascoltatore, avete decisamente urtato un punto che lui reputa fondamentale, magari una sua convinzione o peggio ancora un suo valore. Egli si sente quindi pronto a contraddirvi.

Mentre tenevo un corso sulla comunicazione efficace in una scuola elementare, osservai una scena davvero interessante. Durante una pausa, una delle insegnanti si fermò a parlare con la madre di un suo alunno a qualche passo di distanza da me.

L'insegnante, essendo arrivata da poco, non ricordava chi fosse il figlio di quella signora. A un certo punto il loro discorso da generico, rivolto a tutti gli alunni, si concentrò su uno in particolare. La maestra disse:

2.3

"Sì, Matteo è un bambino molto strano, non ha voglia di fare nulla".

A questo punto la madre si irrigidì e mise le braccia nella posa rappresentata in foto. La maestra, accortasi grazie a questo gesto della sua gaffe, anticipò la replica di quest'ultima aggiungendo: "Naturalmente, questo è ciò che pensano alcune insegnanti. Io credo che vada solo stimolato attraverso lezioni più interessanti".

Anche voi, se lo ritenete opportuno, notando un simile atteggiamento di chiusura con i pugni serrati potreste rivalutare le ultime frasi pronunciate e attribuirle al pensiero di qualcun altro.

2.4. Disincrociare le braccia

Se mentre parlate il vostro interlocutore, che si trovava a braccia incrociate, le disincrocia, probabilmente avete conquistato la sua **apertura** toccando un punto a cui è favorevole. Quando l'altro adotta una posizione di apertura, a livello mentale è più propenso a prendere in considerazione le vostre proposte. Questa postura rappresenta quindi già di per sé un traguardo che avete raggiunto.

Supponiamo che stiate per chiedere a vostro padre o a vostro figlio qualcosa circa una questione delicata e lui inizi la discussione con le braccia incrociate. A questo punto sapete che tale atteggiamento non gli permetterà di essere ricettivo al 100%, è quindi meglio parlare inizialmente di altro. Nello specifico, trovate un argomento su cui siete sicuramente d'accordo e su cui non ci possono essere resistenze. A un certo punto, appena noterete un'apertura, potrete rimettere in gioco il vero obiettivo della vostra chiacchierata.

2.5. Uomo in barriera

Un modo per dissimulare una chiusura, e quindi dubbi su quanto ascoltato è la posizione con le mani legate davanti al corpo (posizione dell'uomo in barriera). Spesso si nota questa postura anche quando si osservano persone in attesa di qualcosa. Quest'attesa può essere per qualcosa di fisico e concreto, per esempio un treno, o per alcune parole che l'altro vorrebbe sentire da voi. Cercate di arrivare al punto focale del discorso.

2.6. Un braccio incrociato

Questa posizione consente di dissimulare un po' il gesto molto evidente di tenere tutte e due le braccia incrociate e comunque esprime un di-

sagio minore. Probabilmente chi la assume si trova in un contesto a lui poco conosciuto e in cui si sente quasi un "pesce fuor d'acqua".

2.7. Braccia dietro la testa

Se qualcuno vi parla da questa posizione vi sta comunicando la sua superiorità. A livello non verbale vi sta dicendo: "Sono talmente superiore a te che posso esporre senza paura i miei punti vitali (cuore e ascelle)", oppure: "Sono talmente forte che ti posso affrontare con le mani legate dietro la testa".

Se siete voi a parlare e l'altro assume questa posizione ci vuole dire: "**Ho già capito tutto da un pezzo**, smetti pure di parlare". Se volete trasmettere il messaggio: "Guarda che la so lunga quanto te", potete adottare la stessa posa, lanciando così una tacita sfida.

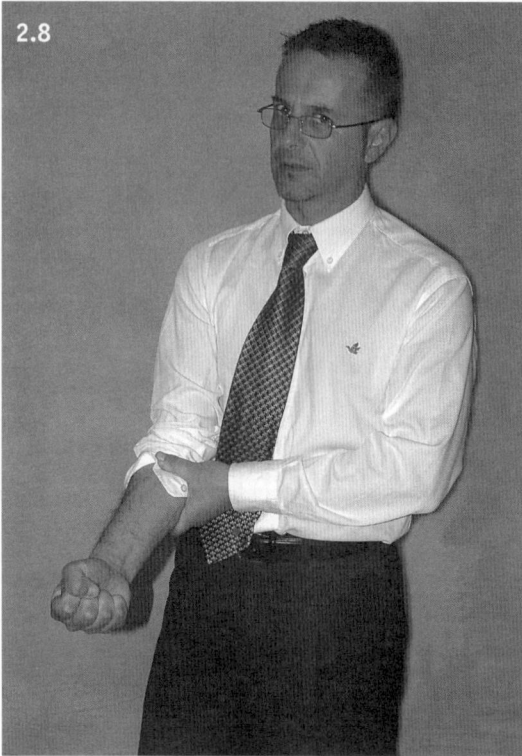

2.8. Esporre l'avambraccio

È un gesto di **sfida e competitività**. Chi lo compie ritiene di poter tranquillamente sopraffare il suo avversario. Metaforicamente è pronto per prenderlo a pugni, ma in realtà tale sfida verrà espressa solo verbalmente.

Se siete voi a parlare con questa persona, non fatevi prendere dall'emotività, tenete ben presente l'obiettivo che volete perseguire e agite di conseguenza.

2.9. Mani che sostengono la schiena

La conversazione manca di smalto e le mani in questa posizione indicano che si sta **perdendo interesse**.

2.10. Una mano sul fianco e l'altra in tasca

Tipica posizione di **attesa**, il vostro interlocutore è pronto a recepire informazioni e si considera ben preparato sull'argomento. Evitate dunque di esordire con considerazioni scontate o banali e andate direttamente ai passaggi più tecnici del discorso, senza spiegarli più di tanto. Chi vi ascolta vuole sentirsi dire qualcosa di nuovo.

Da ricordare

Le tre parti che consideriamo vitali del nostro corpo sono ascelle, petto e genitali. Tenderemo a proteggere queste parti in tutti i casi in cui non siamo tranquilli. Le esporremo invece per comunicare o grande serenità e fiducia o sfida.

Gli atteggiamenti di chiusura non sono negativi di per sé, ma in quanto influenzano la capacità di ascolto.

Capitolo ottavo

I modi di camminare

Dimmi come cammini e ti dirò chi sei

1. Interpretare la camminata "passo passo"

Come facciamo a farci un'idea di un'altra persona anche se non le abbiamo mai parlato o non l'avevamo mai vista prima? Probabilmente, oltre che il suo aspetto esteriore, una delle prime cose che ci colpisce è il modo in cui cammina. Ogni individuo, infatti, ha una sua andatura particolare, che esprime alcune tendenze caratteriali.

Logicamente nell'analisi del modo di camminare entrano in gioco diversi fattori da tenere in considerazione: l'orientamento del corpo, la direzione dei piedi mentre si cammina, il ritmo della camminata e la lunghezza dei passi. Abbiamo scelto di trattare questi fattori uno alla volta per semplificare al massimo il lavoro di comprensione del lettore. Tutta-

via avvertiamo fin da ora che, per ottenere una buona lettura del modo di incedere altrui, dovrete valutare congiuntamente tutti i fattori. Per abituarvi a tale compito, dopo avervi dato il quadro generale della situazione abbiamo inserito nel testo alcune situazioni tipiche tratte dalla vita reale che, pur essendo abbastanza complesse da analizzare, vi permetteranno di fare considerazioni ad ampio raggio.

Chiaramente, come per ogni altro atteggiamento che esamineremo, tanto più è accentuata l'intensità del gesto, tanto più le indicazioni caratteriali saranno marcate. Per comodità potete abituarvi a valutarla in base a una scala che va da uno, poco accentuato, a tre, molto accentuato.

2. Orientamento del corpo

2.1. Corpo in avanti

Il soggetto è proiettato verso il **futuro**. Probabilmente sarà anche **curioso** e abbastanza **impulsivo**. Illustrando un nuovo progetto a questa persona, prima di spiegare quali sono le azioni da fare per realizzarlo, fornite una visione a medio-lungo termine dei risultati cui questo progetto porterà.

Supponiamo che vogliate proporre a vostro marito (che solitamente ha tale tipo di andatura) di partire per una vacanza ai Caraibi. Ecco come potreste più facilmente ottenere la sua approvazione: "Mario, riesci a immaginare quanto sarebbe bello stare sdraiati su una soffice spiaggia bianca mentre sorseggiamo un cocktail, ammirando il mare con le sue splendide sfumature? E magari fare delle immersioni per scoprire le meraviglie di un mare incontaminato…". In questo modo avreste fornito un primo orientamento verso il futuro che potreste rafforzare come segue: "Una volta tornati saremmo assolutamente riposati e ancora più efficienti nel nostro lavoro". Infine concludete con: "Pensavo che potremmo proprio concederci una settimana di relax ai Caraibi, che ne dici?".

2.2. Corpo diritto

Questo soggetto **vive nel presente**, non si attarda nel passato né precorre i tempi. È guidato dal buon senso, dalla **concretezza** e dall'oggettività dei fatti. Il suo motto potrebbe essere: "Ogni cosa a suo tempo".

In questo caso chiaramente dovete adottare una strategia differente rispetto a quella precedente. Puntate sulla concretezza, sui dati misurabili, su statistiche, e mettete già in evidenza pro e contro del vostro progetto.

Esempio: il vostro capo cammina sempre con il busto eretto, né orientato in avanti, né indietro, e voi volete proporgli di investire sulla formazione degli addetti alle vendite. Ecco un valido approccio: "Come mostrano gli indici di bilancio degli ultimi mesi, le vendite del prodotto X sono in calo e il fatturato si sta riducendo". In questo modo mostrate un punto di partenza obiettivo, poi proseguite con la proposta: "Proprio per questo credo che sia il caso di riprendere la formazione degli addetti alle vendite". Aggiungete a questo punto pro e contro: "È vero che dovremmo sostenere una piccola spesa iniziale, ma è anche vero che, dopo gli ultimi corsi tenuti da Comdue l'anno scorso, il fatturato è aumentato del 15% circa".

2.3. Corpo indietro

Soggetto un po' **indolente**, tendenzialmente pigro. Si trova più a suo agio nel **ricordare il passato** che nel costruire il presente o procedere verso il futuro.

Avete presente quando da bambini eravate costretti ad andare a trovare qualcuno controvoglia? In quell'occasione il vostro passo doveva essere simile a questo. Quando le gambe precedono nell'avanzare il busto, che sembra ancorato a un punto più indietro, il significato è: "Devo andare, devo farlo, ma **ne farei volentieri a meno**".

Se doveste proporre a questo individuo una cosa nuova da fare, provate come segue: "Ricordi quella volta che investendo un piccolo capitale iniziale guadagnammo una fortuna? Stavo pensando di ripetere un'operazione del genere nel settore degli immobili…".

3. Direzione dei piedi mentre si cammina

3.1. Piedi che convergono

Questo modo di procedere frena la normale camminata, facendo disperdere energia. Chi cammina in questo modo tende a essere **poco propenso alle novità** e in genere alle cose che escono dai suoi standard.

3.2. Piedi che divergono

La persona in esame ama sognare e fantasticare ed è quindi **poco concreta**.

3.3. Piedi paralleli

Persona **razionale e pratica**. Tiene molto a un buon controllo di sé e della situazione (a volte può essere un po' rigida). Questo modo di procedere con piedi paralleli è quello che permette di ottimizzare le energie necessarie per avanzare e questo si riflette anche nel carattere della persona, che sarà pragmatica e non amante degli sprechi, nella vita come nel camminare.

3.4. Piedi da modella

Chi va a spasso con i piedi uno dietro l'altro è spesso un soggetto **indeciso** e preoccupato dell'immagine, di come gli altri lo vedono e lo giudicano, ecco perché cammina con questa impostazione un po' da modella/modello.

4. Ritmo della camminata

4.1. Passo veloce

Tende a **pensare in modo rapido**. La sua **intelligenza** è **sintetica e intuitiva**. Ha la grande capacità di cogliere rapidamente la **visione generale** di una cosa, ma è poco incline ad approfondire i particolari. Questo soggetto può anche essere predisposto all'impazienza. Con questo tipo è bene presentare prima il quadro generale della situazione ed esplicitare i particolari solo su richiesta o se indispensabili. Inoltre, come approfondiremo meglio in uno degli ultimi capitoli, tendenzialmente questo tipo parlerà velocemente e con poche pause e salterà i preamboli comunicativi per andare dritto al dunque. Il consiglio per tener desta la sua attenzione è quello di adattarsi alle sue caratteristiche, accelerando il ritmo dell'esposizione ed evidenziando subito i punti focali del discorso.

4.2. Passo di velocità media

Anche il ritmo del suo pensiero è intermedio, né troppo accelerato né lento. Di solito il ritmo medio dell'incedere rivela un **carattere analitico**, **attento ai particolari** e incline ad approfondire le questioni in maniera dettagliata. Talvolta può risultare molto puntiglioso sulle questioni a lui più care.

Anche nel parlare adotterà un ritmo intermedio e tenderà a considerare troppo agitati coloro che parlano molto velocemente e noiosi coloro che rispetto a lui sono più lenti. Spiegate i passaggi logici di ciò che esponete senza trascurare i dettagli e siate quanto più possibile precisi.

4.3. Passo lento

Soggetto più orientato al sentire che al pensare. Investe molta energia nel **mondo delle sensazioni** e delle emozioni, meno in quello dei ragionamenti e della riflessione. Non è certo uno che prende decisioni al volo. Per conquistare la sua attenzione adottate, come lui, un ritmo espositivo lento e cercate di mettere in evidenza le sensazioni positive che ricaverà ascoltando i vostri consigli.

5. Lunghezza del passo

Passo lungo: **forte ambizione**.
Passo medio: cerca il giusto per sé, né più né meno, **persona moderata** in generale.
Passo corto: indice di **scarsa autostima** e di scarsa ambizione. Fa le cose per assecondare gli altri, più che per raggiungere i propri obiettivi.

Durante i miei corsi, a questo punto generalmente mi viene chiesto: "Come si fa a interpretare in modo completo una camminata quando le indicazioni non vanno nella stessa direzione? Quando ad esempio ci troviamo di fronte a una persona che avanza con il corpo dritto (indice di buon senso e concretezza) e i piedi divergenti (tendenza a fantasticare)?".

Situazioni del genere rivelano un conflitto interiore, una scissione interna tra due forze contrastanti. Nel caso in analisi il soggetto ambisce a essere o si sforza di apparire concreto, ma la sua pulsione naturale è quella di fantasticare. Ricordiamo che in generale la parte del corpo che meglio riusciamo a governare a livello razionale per offrire all'esterno l'immagine di noi stessi che vogliamo trasmettere agli altri è quella alta. La parte bassa, invece, risulta quella più mossa dall'istinto.

6. Esercizio

Esercitatevi ora a fare un identikit dei tre soggetti che vi propongo di seguito, tenendo conto di tutti gli elementi fin qui esaminati: l'orientamento del corpo, la direzione dei piedi mentre si cammina, il ritmo della camminata e la lunghezza dei passi. Cercate anche di valutare l'intensità dei gesti sulla scala, da uno a tre, prima consigliata. Nelle pagine successive vi mostrerò una delle possibili strategie per tracciare l'identikit di una persona partendo dalla sua camminata.

1. Tracciate il profilo di una persona in cui avete osservato:

Corpo orientato in avanti, ampie falcate, passi veloci e piedi che divergono leggermente.

2. Tracciate il profilo di una persona in cui avete osservato:

Corpo dritto, passi veloci di lunghezza media, piedi paralleli.

_____

_____

_____

_____

_____

3. Tracciate il profilo di una persona in cui avete osservato:

Corpo all'indietro, passi lenti e corti e piedi che divergono.

_____

_____

_____

_____

_____

Soluzione

Vediamo ora come si potrebbero tracciare un profilo caratteriale delle persone esaminate sopra. Per prima cosa, ricavate dalle spiegazioni date tutti gli elementi. Per esempio, il primo soggetto presenta un corpo orientato in avanti, che indica una proiezione verso il futuro e un carattere curioso e impulsivo. Il passo veloce rivela un'intelligenza sintetica e intuitiva, la lunga falcata ci dice che è ambizioso e il piede convergente che può essere poco propenso alle novità.

In seconda battuta, rilevate eventuali indicazioni discordanti che vi riveleranno un certo grado di conflitto interiore. Per semplicità consiglio di trattare il dato come un "non percepito", ossia non tenetene conto nello stabilire il vostro modo di rapportarvi con questa persona.

La terza fase, che sarà più semplice quando avrete acquisito maggior dimestichezza con questo tipo di osservazione, è quella di formarsi mentalmente una sorta di scala che misuri quanto una data tendenza sia sviluppata. Il corpo, ad esempio, è molto orientato in avanti? Se la risposta è affermativa, allora le caratteristiche di orientamento al futuro e impulsività saranno maggiormente presenti. I passi sono molto veloci? Bene, allora l'intelligenza sarà decisamente sintetica. La falcata rientra tra quelle ampie, ma, se doveste dare un giudizio tra 1 a 3, come la descrivereste?

Per il primo soggetto potremmo dare per esempio le seguenti valutazioni: orientamento in avanti voto 3, lunghezza dei passi voto 2, convergenza voto 1, velocità non rilevabile dalla foto. A questo punto potete tracciarne il profilo: è un soggetto decisamente orientato al futuro, impulsivo e con mentalità fortemente sintetica; è inoltre discretamente ambizioso. Probabilmente è anche curioso, ma solo in alcuni ambiti.

Ripetendo gli stessi step per il secondo soggetto arriverete a una considerazione vicina a questa: è una persona molto concreta e oggettiva, abbastanza moderata, dotata di ottimo intuito e di un certo spirito pratico.

Nei casi in cui, come per il terzo soggetto, non avete parametri per misurare quanto il corpo sia inclinato indietro e quanto i passi siano corti e lenti, chiaramente il compito sarà più arduo. Dovrete accontentarvi di tracciare un identikit parziale e generico. Per esempio, potreste considerare che in generale può essere un tipo con poca autostima, lento nel decidere e tendenzialmente pigro, che dà importanza alle sensazioni e un po' sognatore.

7. Esercizio

Osservando le persone intorno a voi e aiutandovi con la seguente tabella, abituatevi a tracciare un po' di profili. Consiglio di partire esaminando persone che non conoscete (per non essere influenzati nella valutazione), e di passare ai conoscenti solo quando vi sentirete abbastanza abili.

Caratteristiche osservate in: _____ (nome persona osservata)				Scala di intensità da 1 a 3
1. Orientamento del corpo	In avanti	Al centro	Indietro	1 2 3
2. Velocità dei passi	Veloci	Medi	Lenti	1 2 3
3- Ampiezza della falcata	Lunga	Media	Breve	1 2 3
4- Simmetria dei passi	Convergono	Sono paralleli	Divergono	1 2 3

8. Dalla psicosomatica alle suole

Vediamo cosa ci dicono gli studi di psicosomatica condotti da Kurt relativamente all'esame delle suole delle scarpe.

8.1. Esercizio

Recuperate una scarpa che avete utilizzato parecchio e osservate quali sono le parti della suola maggiormente consumate. Proseguendo nella lettura scopritene poi il significato e le parti del vostro corpo a cui dovete prestare particolare attenzione.

8.2. Suole consumate in punta

Se consumata verso l'alluce
Persona **molto determinata** nel raggiungere gli obiettivi. Talvolta questa grande determinazione è spinta da una rabbia di fondo, che può far apparire molto aggressivi. L'organo più delicato è il fegato.

Consumata dal medio in poi
Soggetto in continuo movimento, **pieno di voglia di fare e di energia**, che talvolta gli impedisce di rilassarsi a fondo, per esempio contemplando un bel tramonto.

8.3. Suole consumate verso il tacco

Obiettivo primario di questa persona è la ricerca di **stabilità e sicurezza**. Questo può portare a una certa lentezza nel prendere le decisioni e a esitare di fronte alle novità. Possibili dolori lombari o reni affaticati.

8.4. Suole consumate all'interno

Individuo generalmente **timido e introverso**, con tendenza a sentirsi a disagio in contesti in cui vi siano persone sconosciute. Può risultare invece molto brillante e socievole in ambienti noti. Possibili dolori nella zona di collo e spalle.

8.5. Suole consumate all'esterno

Pragmatismo è la parola d'ordine, in questo caso. Soggetto che va subito al sodo, spesso irruento, con possibili scatti di ira.

Da ricordare

Orientamento in avanti:
proiezione verso il futuro, curiosità, impulsività.

Orientamento dritto:
concretezza, oggettività.

Orientamento all'indietro:
pigrizia, vive nel passato.

Piedi che convergono:
scarsa propensione alle novità.

Piedi che divergono:
ama sognare e fantasticare, scarsa concretezza.

Piedi paralleli:
persona razionale e pratica.

Piedi da modella:
preoccupato dell'immagine e insicuro.

Ritmo della camminata veloce:
intelligenza sintetica e intuitiva.

Ritmo della camminata medio:
carattere analitico, attento ai particolari e incline ad approfondire le questioni in maniera dettagliata.

Ritmo della camminata lento:
investe molta energia nel mondo delle sensazioni e delle emozioni.

Passo lungo:
forte ambizione.

Passo medio:
persona moderata in genere.

Passo corto:
scarsa autostima e scarsa ambizione.

Capitolo nono

Le gambe

Leggere ciò che rivela la parte più istintiva degli altri

1. Attenti alle gambe

Se vi trovate insieme ad altre persone in un ambiente in cui è "socialmente adeguato" un atteggiamento controllato, osserverete senza dubbio che le parti più alte del corpo, quali braccia, testa e busto, presenteranno una mimica quasi assente, mentre le zone più basse riveleranno diversi piccoli movimenti.

In effetti, le **parti più basse** del corpo, gambe e piedi, sono quelle che maggiormente **sfuggono al nostro controllo consapevole** e quindi costituiscono una **preziosa fonte di informazioni** per quanto riguarda il "non detto".

Se avete qualche dubbio provate a fare questo simpatico esercizio: sedetevi e ruotate in senso orario il piede destro. Poi continuando a ruotare il piede, disegnate nell'aria con la mano destra tante volte il numero sei. Cosa succede?

È probabile che non appena la vostra attenzione si sarà concentrata sulla parte alta del corpo, in questo caso le mani, abbiate perso il controllo della parte inferiore.

Dato che riusciamo a gestire consapevolmente solo un piccolo numero di informazioni contemporaneamente, se ci concentriamo sui movimenti delle mani e delle braccia sarà difficile riuscire a governare anche quelli dei piedi. È come se le aree più vicine al nostro centro di comando, la testa, fossero quelle più semplici da tenere a bada razionalmente.

Esaminiamo ora nel dettaglio cosa possono rivelarci le gambe delle persone che osserviamo.

2.1. In piedi con gambe divaricate

Allargando le gambe si ottengono due risultati contemporaneamente: si aumenta lo spazio psicologico e si lasciano scoperti petto e genitali. Da questi elementi deduciamo che una persona in questa posizione mostra grande sicurezza di sé.

Quando le mani sono appoggiate sui fianchi la valenza può essere addirittura quella di una sfida.

2.2. Gambe unite

Per questo gesto vi propongo una spiegazione a ritroso. Provate a mettervi in piedi con le gambe unite, poi irrigidite gli arti e la colonna vertebrale. State in questa posizione per un minuto, annotando mentalmente le sensazioni che provate.

Tale postura da un lato determina uno scarso appoggio al terreno (condizione che produce un senso di instabilità), dall'altro riduce al minimo il proprio spazio personale. Non a caso, questa è la postura adottata da chi si sente **insicuro** e vorrebbe passare il più possibile inosservato.

Come trattare una persona che manifesta questa espressione non verbale? Adottate, almeno nelle battute iniziali, una comunicazione abbastanza formale ed evitate di rivolgere domande troppo personali. Può darsi che, dopo alcuni minuti, vinta la diffidenza iniziale, egli si sciolga e passi a uno stile comunicativo più empatico.

2.3. In piedi con le gambe incrociate

Questa posizione è messa in atto da colui che, trovandosi a disagio, cerca in qualche modo di **dissimulare la tensione**. È possibile che il soggetto non si senta inserito nel gruppo o si senta escluso dalla conversazione.

Notandolo, potreste ad esempio presentargli gli altri interlocutori, se ancora non lo avete fatto, oppure, se conoscete qualche suo interesse, potreste fargli alcune domande inerenti a esso.

2.4. Gambe accavallate

Nel classici sul linguaggio del corpo leggerete che, stando seduti con le gambe accavallate, si esprime chiusura. È davvero così? In effetti è possibile, ma vi invito a riflettere su alcune considerazioni.

Quante volte si assume questa posizione semplicemente per comodità, per abitudine o, nel caso delle donne che indossano una gonna, per compostezza?

In definitiva, tante sono le variabili che possono incidere su tale postura e, come dico sempre ai

miei corsi, "Una rondine non fa primavera".

Quando alle gambe incrociate si associano braccia incrociate, sopracciglia aggrottate, una fronte corrucciata, frequenti grattatine o altri segnali di disagio, allora e solo allora potrete essere certi di essere di fronte a un segnale di chiusura. Se avete tale conferma cambiate approccio, perché fino a ora avete suscitato scetticismo.

Come vedremo nel capitolo relativo al modo di stare seduti, anche in base ai gesti delle braccia dovrete fare valutazioni differenti.

2.5. Donna con gambe accavallate

Attenzione: se questa posizione è assunta da una donna il significato può essere totalmente diverso. Premendo il polpaccio contro la gamba, infatti, se ne mette in risalto la tonicità e si attira maggiormente l'attenzione dell'interlocutore su questa zona molto femminile. Siamo quindi in presenza di un **segnale di attrazione**.

2.6. Gambe incrociate a squadra

Vi è mai capitato di parlare con qualcuno che siede in questo modo? Qual è l'impressione che ne avete ricevuto? Se avete istintivamente pensato: "Non mi sta ascoltando", "Mi sembra un saputello", "Tra poco mi dirà che già lo sapeva", siete sulla buona strada.

Tale atteggiamento, oltre a essere di chiusura, è attuato spesso da chi si sente in competizione con il suo interlocutore e crede di essere migliore di lui, o quanto meno di essere più preparato sull'argomento specifico che si sta sviluppando. Se

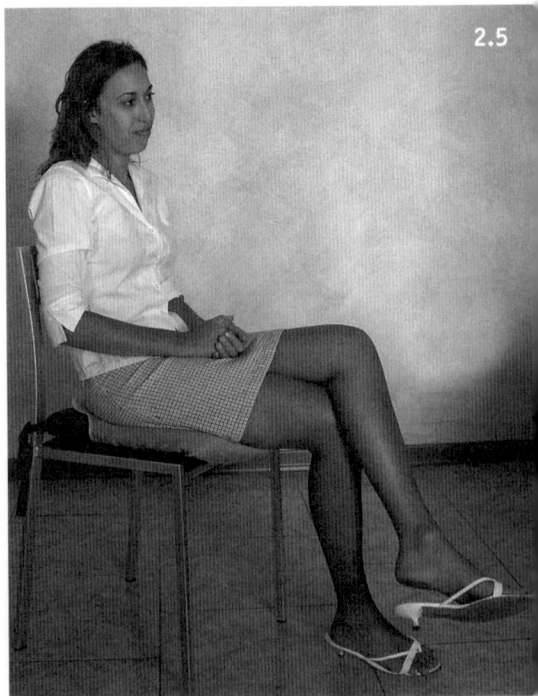

2.5

96

tre dite una frase di questo tipo, disponetevi lateralmente rispetto a lui, ma senza entrare troppo nel suo spazio, e infine proseguite con il vostro discorso. Questi semplici accorgimenti sono di solito sufficienti ad appagare l'ego dell'altro e a predisporlo alla collaborazione.

Ora vi faccio una domanda a bruciapelo: perché vi ho suggerito di adottare una posizione laterale rispetto all'altro? Rimando coloro che non hanno saputo rispondere a rivedere il capitolo relativo all'orientamento del corpo.

2.7. Una gamba incrociata sotto l'altra

Tra gli innumerevoli modi che le donne hanno per mettere in evidenza tutta la loro femminilità e **sedurre** col corpo gli uomini, troviamo anche quello rappresentato in foto. La donna mettendolo in atto assume una postura rilassata e dà a chi osserva l'impressione di essere leggermente indifesa. In questo modo viene sollecitato l'istinto protettivo dell'uomo.

Se la donna in questione si trova in mezzo a un gruppo, punterà il ginocchio della gamba piegata verso colui che reputa particolarmente interessante. Se volete essere sicuri di essere proprio voi l'oggetto delle sue

poi costui blocca il piede con la mano, probabilmente sta cercando di trattenersi dall'intervenire in modo aggressivo.

Il consiglio è quello di riportare la persona a un atteggiamento più collaborativo e di sfruttare questa sua carica emotiva a vostro favore. Esordite dicendo: "Sono venuto da te perché credo tu sia la persona più competente per darmi un consiglio su una questione importante". Men-

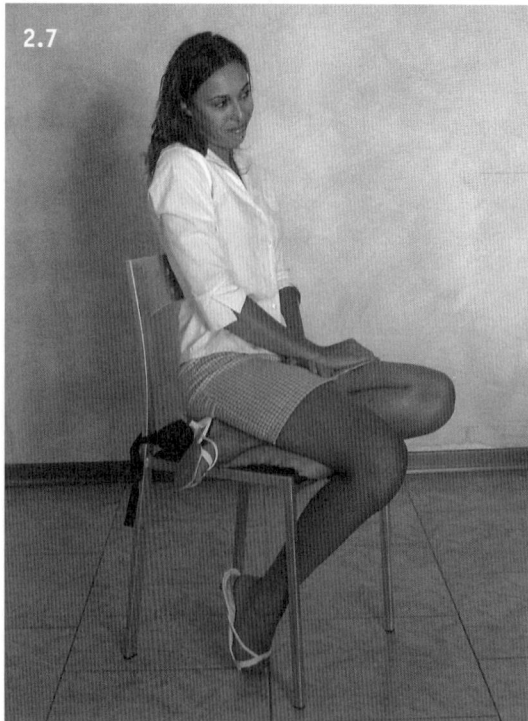
2.7

vostro interlocutore sembra dare calci all'aria, probabilmente è **annoiato** e non vuole più starvi a sentire, addirittura metaforicamente potrebbe volervi prendere a calci. Concludete quanto prima il discorso e date modo all'altro di esprimere le sue idee, ciò vi aiuterà a capire meglio cosa in modo specifico lo abbia irritato.

2.9. Caviglie incrociate

È una posizione di chiusura un po' meno evidente dell'accavallare le gambe. Con essa si cerca di **mascherare il nervosismo**, l'irritazione o la paura. Sappiate in questo caso che, dietro un'apparente serenità espressa a livello verbale o di mimica facciale, la persona potrebbe provare un fastidio di fondo. Innumerevoli possono essere le cause di queste tensioni e quindi è difficile suggerire una linea d'azione standard. Se per esempio mentre state parlando con un vostro amico d'un tratto lui compie questo gesto, è probabile che con le vostre parole gli abbiate ricordato eventi non piacevoli o che si sia sentito in qualche modo messo sotto pressione. Può darsi che stiate dando consigli troppo personali o che stiate adottando una comunicazione eccessivamente diretta.

attenzioni, spostatevi leggermente; se lei di lì a breve re-indirizza il ginocchio verso di voi ne avrete la conferma.

2.8. Scalciare con i piedi

Siete seduti di fronte a una persona che ha le gambe accavallate e che muove il piede che non poggia a terra in maniera inquieta, come se desse tanti piccoli calcetti o come se volesse scrollare via qualcosa: cosa significa per voi questo atteggiamento?

Se durante la conversazione il

2.9

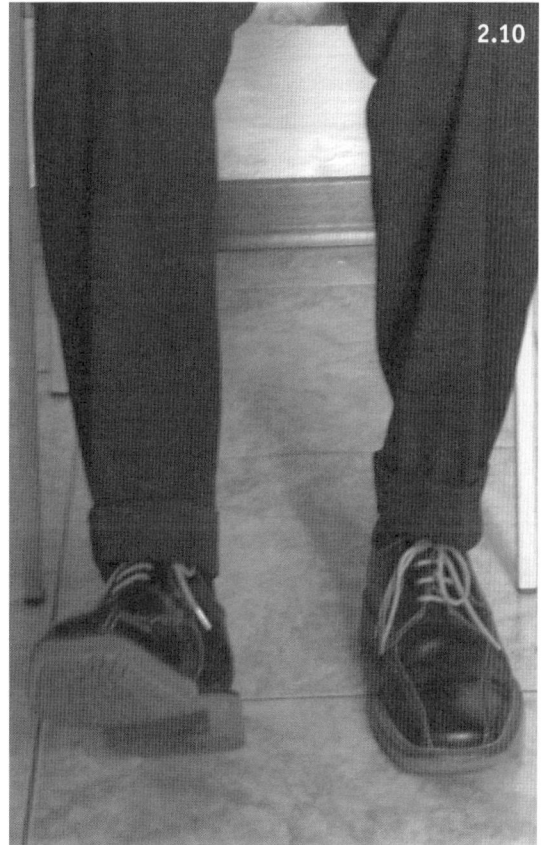

2.10

2.10. Sollevare un piede dal suolo

Questo segnale ricorda un po' il movimento che compiamo togliendo il piede dall'acceleratore dell'auto. A livello metaforico stiamo esclamando: "Frena un attimo…".

Viene utilizzato quando si riflette internamente su un argomento specifico per meglio comprender- lo. Lasciate dunque all'altro il tempo di portare a termine i suoi processi mentali, evitando di aggiungere informazioni importanti, che quasi sicuramente non verranno colte. Il modo migliore per farlo è quello di rallentare il ritmo della vostra esposizione, fare pause più lunghe e chiedergli se ha dei commenti da fare.

2.11. Punte verso l'interno

Facciamo una breve premessa prima di esaminare il gesto. Quando siete tranquilli, i vostri muscoli tendono a irrigidirsi o si distendono? E quando siete nervosi, o magari vi sentite minacciati?

Ora assumete la posizione nella foto. Cosa sono costretti a fare i muscoli delle vostre gambe? Per mantenerla essi devono rimanere contratti per tutto il tempo.

State osservando una posizione di chiusura abbastanza inequivocabile, questa volta. È troppo innaturale, infatti, per essere assunta per comodità, e chi la usa per abitudine sarà **una persona chiusa, diffidente e poco istintiva**, che vive tenendo congelata la parte del corpo che più esprime l'istinto, la capacità di lasciarsi andare.

2.12. Punte verso l'esterno

È un ottimo segnale di apertura; per assumere questa postura è necessario che il soggetto rilassi completamente i muscoli delle gambe. Tale decontrazione muscolare avviene di solito quando la persona in questione si trova a suo agio, è tranquilla e pronta ad ascoltare nuove idee.

Se notate che il vostro interlocu-

2.11

tore passa da una posizione con piedi paralleli a quella in esame, significa che avete conquistato la sua fiducia e da ora in avanti tutta la comunicazione scorrerà più fluida.

Da ricordare

Le gambe svolgono, un po' come le braccia, la funzione di barriera verso l'esterno. Questa barriera si può aprire o chiudere a seconda che il soggetto si senta a suo agio o sia disponibile a ricevere informazioni dall'esterno o meno.

Osservare questa parte del corpo sarà particolarmente utile, perché anche quando per convenzione le persone sono spinte a controllarsi, le gambe quasi sempre sfuggono a tale controllo, fornendo numerose indicazioni.

In alcune situazioni, come ad esempio un colloquio di lavoro, l'esaminatore esperto pone molta attenzione a questa parte del vostro corpo. Per trasmettere il messaggio che desiderate senza dover pensare a troppe cose contemporaneamente è necessario fare molta pratica. Consiglio di fare alcune simulazioni ponendovi davanti a uno specchio per verificare il vostro linguaggio non verbale.

Capitolo decimo

I modi di sedersi

Dieci segreti rivelati dal modo di sedersi

1. Esercizio

Sedetevi sul bordo della sedia, spostate il peso del corpo in avanti e lasciate cadere le spalle.
Come vi sentite? Tutti noi sappiamo che fisiologia e pensieri sono strettamente connessi, ed eseguendo questo esercizio dubito che vi siate sentiti pieni di energia.

Spesso per capire cosa prova chi abbiamo di fronte ci basterà semplicemente assumerne la stessa postura. Esamineremo in questa sede i modi più tipici di sedersi, il loro significato e i possibili comportamenti che possiamo mettere in atto per migliorare il processo comunicativo.

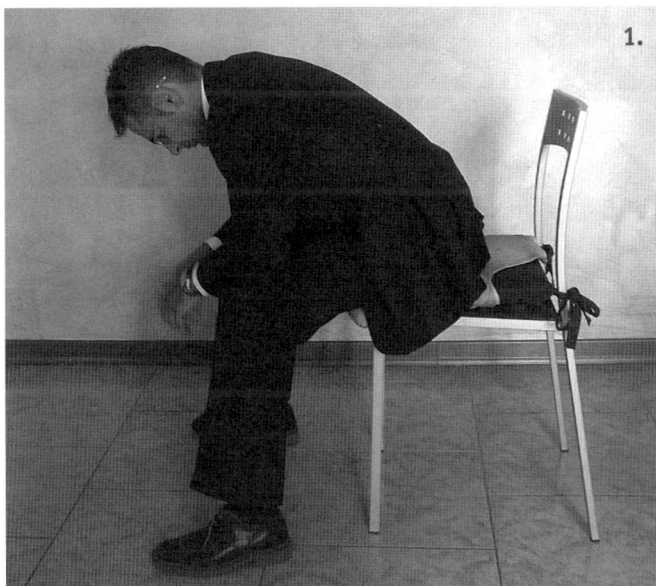

2. Tutti i modi di sedersi

2.1. Seduto sul bordo della sedia

Questo modo di sedere, accompagnato alle mani che tengono la sedia, ricorda la posizione del centometrista pronto a scattare al segnale di partenza. In effetti, chi la adotta, **vorrebbe** per qualche motivo **andarsene**. Può darsi che vi stiate dilungando troppo o che abbia perso interesse.

Se volete comunque continuare a esporre ciò che state dicendo, siate sintetici ed evitate giri di parole.

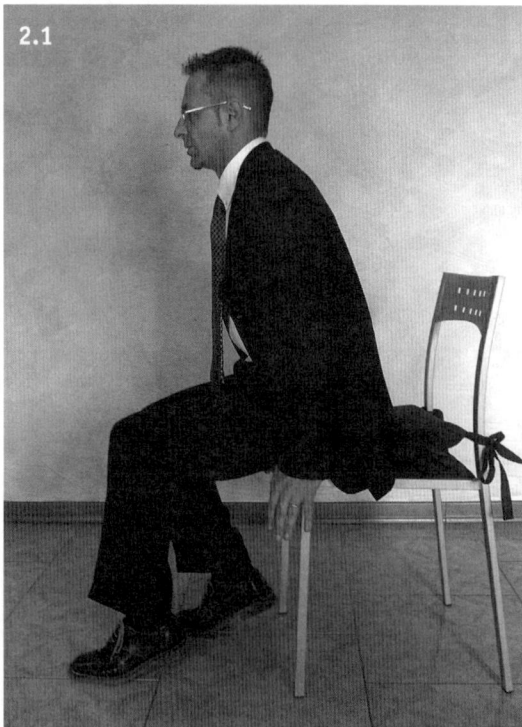

Verificate se state effettivamente rispondendo alle esigenze del vostro interlocutore. Fatto ciò osservate i suoi spostamenti. Se entro una quarantina di secondi si rimette comodo, avete trovato la chiave giusta, altrimenti trovate una scusa per fare una pausa (ad esempio offrendo un caffè) o, se potete, rimandate il discorso fissando un successivo appuntamento.

2.2. Seduto sul bordo della sedia, con schiena appoggiata

È la posizione di chi **la sa lunga o si illude che sia così**. Partendo da tale presupposto è chiaro che la persona in esame sarà poco disposta all'ascolto.

Due anni fa mi trovai a tenere un corso sulle tecniche di vendita a un gruppo di venditori di un importante concessionario di automobili. Tutti dissero che erano veramente contenti di iniziare il corso e motivarono l'entusiasmo con frasi del tipo: "La crescita professionale è importante", "Oltre ad aumentare le vendite è importante anche per la nostra vita personale", ecc. Fatto sta che, mentre proferivano queste parole, mi resi subito conto che tre dei venditori più anziani erano seduti sul

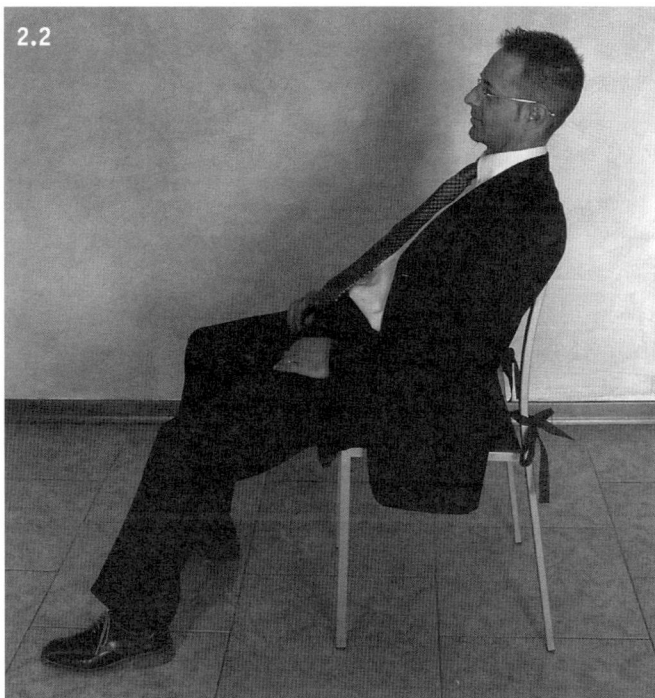

2.2

bordo della sedia, allungati sullo schienale. Evidentemente avevano già partecipato a così tanti corsi che pensavano di conoscere ormai tutte le tecniche esistenti. Decisi allora di procedere come segue. Dopo aver fatto una breve presentazione degli argomenti, comunicai che a ogni spiegazione sarebbero seguite esercitazioni pratiche. Rivolgendomi ai tre "anziani" del gruppo, dissi: "Durante le esercitazioni avrò bisogno di tre persone già esperte che supportino i vari gruppi; mi piacerebbe che foste proprio voi". Dal momento che avevo riconosciuto il loro valore, i tre si sentirono coinvolti e, per non deludere le aspettative riposte sulle loro capacità, si sentirono anche spinti a prestare la massima attenzione durante le spiegazioni teoriche.

In casi analoghi vi consiglio di fare lo stesso: fate comprendere all'altro l'importanza della sua presenza in quel contesto e coinvolgetelo attivamente. Alcune formule utili per farlo sono:

- "Come tu m'insegni"
- "Come tu ben sai"
- "Probabilmente hai già pensato che…"
- "Vista la tua esperienza".

2.3. Appoggiato con braccia dietro la testa

Questa postura è assunta in genere da chi **comanda**, e in alcuni contesti può apparire **indisponente e inadeguata**. Chi siede in questo modo si considera di alto livello, è poco incline all'ascolto e vorrà comunque avere l'ultima parola.

Qual è secondo voi la differenza tra la postura precedente e questa? Beh, nel primo caso potete osservare come la parte istintiva (le gambe) dia segnali di superiorità, ma a livello razionale (busto e braccia) non ci siano segnali di arroganza, né tanto meno di sfida. In pratica, la posizione spiegata in precedenza ci dice che il soggetto sente di saperla più lunga di voi, di essere, per alcuni aspetti, superiore a voi, ma sa anche che è meglio non mostrare queste sue convinzioni.

Il contrario avviene quando la persona sta seduta con le braccia dietro la testa. Qui il messaggio di sfida è chiaro. La persona non si preoccupa di non apparire provocatoria e aggressiva. Espone tranquillamente i punti vitali situati nel busto (la parte governata facilmente dalla ragione) senza il timore di rivelare le sue convinzioni. **Si ritiene superiore e lo segnala con una postura inequivocabile**.

Questo atteggiamento dovrà far scattare in voi un campanello d'allarme, se viene assunto dal vostro interlocutore a un certo punto del discorso. Entro breve tempo potrete notare nel suo tono di voce e nelle sue parole un certo sarcasmo. A questo punto saprete che sta per contraddirvi pubblicamente. Il consiglio è quello di prepararvi a rispondere con vigore e senza mostrare tentennamenti.

Qualora questo atteggiamento sia assunto per abitudine, vi trovate davanti a una persona che è solita

comandare, che si sente migliore degli altri, che saprà ascoltare poco e che vive le relazioni come una sfida continua.

2.4. Seduto a cavalcioni sulla sedia girata

Il messaggio è: "**Vorrei comandare io** (gambe aperte), **ma non mi sento abbastanza sicuro** (quindi mi proteggo ponendo una barriera tra me e gli altri)".

È generalmente una postura che si adotta in un ambiente informale. Quando intrattenete rapporti con chi si siede così, considerate la duplice natura del soggetto. Da un lato vorrebbe essere il leader e dall'altro non si sente all'altezza.

Se vi interessa fomentare la sua ambizione, assumete posture timide e date segnali di subordinazione. Se viceversa volete ridimensionare il suo atteggiamento, mettete bene in chiaro i vostri ruoli e lui certamente tornerà a occupare quello più idoneo per lui.

2.5. Seduto al centro della sedia con busto avanti

Questo modo di sedersi indica: "**Sono attento a ciò che mi dici**", oppure: "Desidero restare attento". Se notate che a un certo punto la

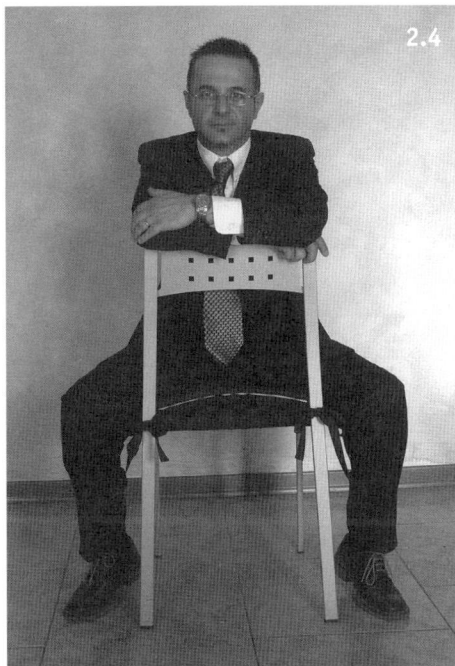

persona si abbandona sullo schienale o indietreggia con il busto, potrebbe star prendendo simbolicamente le distanze da quanto dite, oppure potreste aver perso il suo interesse.

A vostra volta, potete assumere tale posizione se volete dimostrare un certo interesse per i discorsi altrui.

2.6. Seduto al centro della sedia con schiena dritta e mani sulle cosce

Se la persona è solita usare questa postura quando si siede, avrà probabilmente un **carattere un po' rigido**, sarà **ligia alle regole**, **metodica e attenta**. Sul piano comunicativo avrà uno stile moderato e senza particolari slanci, né di entusiasmo, né di pessimismo. Accetterà di cambiare qualcosa solo qualora gli presentiate delle ottime ragioni per farlo.

Quando tale posizione non è quella preferita dal soggetto, ma viene assunta dopo una vostra considerazione, egli ha probabilmente avvertito una sorta di resistenza.

Magari annuisce a ciò che dite per educazione, ma nel complesso non è convinto delle vostre parole.

Un esempio tratto dalla realtà: Marco è il direttore di un supermercato e ha deciso di affidare a Roberto un incarico di maggior responsabilità. I due iniziano a parlare (seduti in modo rilassato), e a un certo punto Marco dice: "Credo che tu sia ormai pronto per gestire quel settore completamente da solo". Roberto accenna un sorriso tirato e assume la postura in esame. Marco allora, captando il segnale, aggiunge: "Naturalmente sarai affiancato da Giulia fino a quando sarai padrone di tutti i processi". Roberto, già soddisfatto per la promozione tira un sospiro di sollievo e ringraziando torna a mettersi comodo sulla sua sedia.

2.7. Corpo avvitato con braccia da una parte e busto dall'altra

Si trova a suo agio in questa posizione chi vuole avere **tutto sotto controllo**, infatti in questo modo ogni parte del corpo "guarda" e controlla una diversa direzione. L'effetto trasmesso è quello di una certa **scioltezza, che cela però il timore che possano arrivare improvvisi attacchi**.

A colui che desidera avere tutto sotto controllo sarà importante fornire informazioni dettagliate, aggiornamenti continui sulla situazione e soprattutto non dare l'idea di tramare alle sue spalle.

2.8. Seduto sul bracciolo

Chi si siede sul bracciolo del divano si impegna per **sembrare sicuro e disinvolto, ma dimostra di non sentirsi pienamente a suo agio**.

Il suo messaggio è infatti incongruente: da un lato aumenta il suo spazio psicologico abbracciando il divano, dall'altro sedendosi a lato dimostra di non voler essere troppo al centro dell'attenzione.

2.9. Gambe incrociate e braccia aperte

Siamo di nuovo in presenza di una postura che rivela un certo conflitto interiore, un messaggio non congruo.

Chi la adotta finge di essere aperto e di fidarsi al 100% dell'interlocutore, ma in realtà, **a livello emotivo, sente una resistenza**. Non si sente totalmente sicuro. Ricordate che secondo la psicosomatica la parte alta del corpo rappresenta il centro della ragione, mentre bacino e gambe sono guidate dall'istinto e dall'emotività.

Perché secondo voi non avete ancora conquistato l'altro a livello emotivo?

Le ragioni possono essere diverse, ma la più comune è la seguente: può darsi che a livello non verbale

2.9

2.10

la vostra comunicazione non sia del tutto congrua con quella verbale. Forse, come successe a un noto politico americano durante la campagna elettorale, state professando a parole la necessità della pace e nel frattempo date pugni o calci all'aria. Potreste avere anche uno sguardo minaccioso o un atteggiamento di chiusura o che viene percepito come ostile.

Verificate insomma cosa state esprimendo con il vostro corpo.

2.10. Gambe aperte e braccia conserte

Quando osservate qualcuno che sta seduto tenendo le gambe aperte e le braccia incrociate, considerate che, **nonostante ponga nei vostri confronti delle resistenze a livello razionale, lo avete colpito sul piano emozionale o fisico**. Forse subisce il vostro carisma.

È probabile che a livello di forma la vostra comunicazione e il vostro non verbale siano apprezzati, e questo genera istintivamente una certa fiducia nei vostri confronti. Può darsi che non lo abbiate convinto a livello razionale perché la vostra spiegazione è ritenuta poco esaustiva o che alcune brutte esperienze passate lo tengano in guardia dal lasciarsi convincere subito.

Da ricordare:

Anche il modo di sedersi degli altri può fornirvi molte informazioni sulle sensazioni che stanno provando. È chiaro che la stessa considerazione vale per chi osserva voi e sa interpretare i vostri segnali non verbali.

Ricordate che venditori, compratori, selezionatori del personale (e tante altre categorie di persone) sono addestrati a cogliere tali informazioni.

Per questo motivo consiglio in generale di tenere una posizione di attenzione (come mostrato sopra) cercando di essere più sciolti possibile. Essendo facile che la postura di attenzione venga scambiata per una postura rigida, esercitatevi da seduti a sciogliere i muscoli delle spalle e del collo per ridare al vostro atteggiamento non verbale una certa fluidità.

Capitolo undicesimo

Testa, occhi e sguardo

I segreti del vero sguardo magnetico

1. Uno sguardo vale più di mille parole

Nonostante abbiamo detto che i gesti della parte alta del corpo sono quelli che maggiormente controlliamo e di cui siamo più consapevoli, non vi sarà difficile constatare che, durante una conversazione, anche tali movenze possono evidenziare incongruenze tra ciò che viene espresso verbalmente e ciò che realmente si pensa. In questo capitolo porremo l'attenzione sui principali messaggi non verbali emessi dalla testa e sui segreti dello sguardo. In particolare porremo la nostra attenzione sui micromovimenti involontari della testa, sulle posizioni dell'ascolto, sulla durata e sulla direzione dello sguardo.

2. Segnali inconsci della testa

Può capitare che la persona con la quale state conversando vi esprima a livello verbale la sua idea o la sua risposta, ma a livello non verbale muova la testa da una parte all'altra come per dire "no", oppure la sposti su e giù come per dire "sì". Siete in presenza di una sorta di tic motorio che esprime l'intenzione inconscia dell'interlocutore. Questi gesti si distinguono da quelli fatti intenzionalmente per la loro minor ampiezza e maggior frequenza.

Un ottimo esempio lo potrete trovare nel film *Don Juan De Marco maestro d'amore*. In una delle scene iniziali del film, Johnny Depp, che interpreta don Juan, si avvicina a una bella fanciulla seduta a un tavolo per sedurla. Le chiede se si può sedere e lei, mentre afferma che sta aspettando un amico (quindi la sua risposta sembrerebbe negativa) fa un inequivocabile cenno di sì con la testa. Questo atteggiamento rivela una sorta di **conflitto tra ciò che sarebbe giusto fare a livello razionale e ciò che l'inconscio desidera**.

Supponiamo che stiate per acquistare una nuova casa e che l'agente immobiliare, mentre ve ne elenca tutti i pregi, continui a spostare la testa a destra e sinistra. Fate attenzione, potrebbe essere un indizio molto prezioso per voi. Rivolgetegli più domande possibili e osservate eventuali altre incongruenze, sia a livello verbale che non verbale.

3. Le posizioni dell'ascolto

Volete sapere se, quando parlate a qualcuno, vi sta veramente ascoltando, se è interessato a ciò che dite oppure si annoia? Facilissimo, guardate la posizione della sua testa.

Quando si ascolta, tre sono le posizione tipiche da cui possiamo capire cosa l'altro pensi riguardo ai concetti che stiamo esprimendo.

3.1. Testa inclinata lateralmente

È **segno di interesse** per l'argomento trattato. In situazioni particolari, quali un primo appuntamento o un tentativo di approccio, è segno di gradimento verso l'altra persona.

L'interesse e l'ammirazione aumentano se si aggiungono a tale posizione sopracciglia leggermente arcuate verso l'alto. Unico consiglio in questo caso è di continuare con la strada intrapresa. State facendo centro.

3.2. Testa diritta

Mostra un **atteggiamento neutro** riguardo alla conversazione. In tale circostanza il vostro interlocutore non si sbilancia, perciò è necessario rimandare ogni valutazione ai gesti successivi.

3.3. Testa orientata in basso

Segnale di **atteggiamento critico o negativo**, quasi di sfida. Chi vi guarda dall'alto in basso probabilmente non vi considera all'altezza della situazione ed è pronto a controbattere a quanto dite. Anche se non replicasse in modo esplicito, sappiate comunque che potreste non otterrete la sua collaborazione a meno che non riusciate a guadagnare le sue simpatie.

Roberto, un frequentatore abituale dei miei corsi, a trent'anni riuscì a diventare dirigente di una filiale bancaria. I suoi collaboratori, vedendo che era così giovane, all'inizio lo presero un po' sottogamba. In un colloquio con uno di loro espresse la sua intenzione di migliorare il servizio ai clienti. Appena lo sentì, il dipendente chinò la testa verso il basso e si scurì in volto. Seguiamo ora il dialogo.

Roberto: "Mi piacerebbe sapere se hai delle perplessità riguardo a questo argomento o se hai qualche dubbio su di me in generale…".

Dipendente: "Beh, in effetti lei è molto giovane e noi lavoriamo qui ormai da vent'anni".

Roberto: "In effetti sono giovane e proprio per questo sono molto aggiornato sulle ultime novità del settore e sono anche molto flessibile. Per cui, permettimi di esporti pienamente le mie proposte e qualora tu individuassi in esse delle pecche, sappi che io ascolterò volentieri cosa ne pensi a riguardo".

Voi potreste adottare la stessa strategia di Roberto: chiedetevi mentalmente cos'è che rende l'altro diffidente, quali dubbi può avere rispetto alla vostra proposta. Una volta individuato il punto critico collegatelo a fattori positivi utilizzando espressioni come: "proprio per questo", "per questo motivo", etc.

3.4. Guardare di traverso

Lo sguardo rivolto verso il basso, con sopracciglia aggrottate, indica un **atteggiamento diffidente**. Se tale atteggiamento è tenuto fin dalle prime battute della conversazione, o peggio ancora è un atteggiamento tipicamente adottato nei vostri confronti, è probabile che questa persona sia diffidente nei vostri confronti.

Cambiare i suoi pregiudizi nei vostri confronti non sarà certo facile, dovrete munirvi di tanta pazienza e procedere per piccoli gradi di apertura.

Quando questo sguardo è adottato in un momento particolare di un discorso che state facendo, significa che l'interlocutore non ha chiaro ciò che affermate. Rivedete i punti fin lì toccati e notate su quali dà qualche segnale di tensione. Dopodiché utilizzate una strategia simile a quella consigliata per il precedente gesto.

4. Chiudere gli occhi

Chi vi ascolta e chiude gli occhi per periodi più lunghi del normale vi sta esprimendo la sua intenzione di **cancellarvi dalla sua vista**, è come se dicesse: "**Non ne posso più di te, vorrei che non ci fossi**".

La chiacchierata si è prolungata più del necessario o è stata particolarmente lunga e impegnativa, è buona cosa fare una pausa, per riprendere il discorso più tardi o addirittura rimandarlo a un'altra occasione.

5. Le pupille

Avrete forse notato, in alcuni film polizieschi, che durante gli interrogatori dei testimoni l'ispettore presta molta attenzione ai cambiamenti che si verificano nella dimensione delle pupille. Esse infatti si dilatano quando si è interessati o ci si trova in situazioni piacevoli, mentre si restringono quando c'è tensione, spavento o si mente.

Purtroppo questo mutamento è molto difficile da notare, perché per cogliere cambiamenti in zone così piccole del corpo è necessaria una grande abilità. Inoltre, a complicare la situazione, c'è anche il fatto che lo stesso fenomeno si verifica anche con l'aumentare o il diminuire della luce a cui siamo esposti.

6. La durata dello sguardo

"Guardami negli occhi quando parli, altrimenti stai mentendo", "Mantieni il contatto visivo, altrimenti penserà che non lo ascolti", "Io mi fido solo di chi mi guarda negli occhi", "Chi è debole non guarda negli occhi"...

Tutte sciocchezze!

O meglio, le affermazioni precedenti possono andare bene per alcuni, ma sicuramente non per tutti. Com'è possibile stabilire regole che prescindano dal comportamento degli altri? Il vostro obiettivo deve essere quello di diventare comunicatori flessibili e per farlo avete bisogno di diventare prima dei buoni osservatori. Un buon comunicatore, infatti, osserva il comportamento delle altre persone e si regola di conseguenza per ottenere gli obiettivi desiderati. Per quanto riguarda lo sguardo vale lo stesso discorso.

Vi propongo questo esperimento: mettetevi a osservare persone che conversano tra loro e notate per quanti secondi si guardano, dove si guardano, se lo fanno in modo costante o se ogni tanto distolgono lo sguardo.

Ben presto vi accorgerete che ognuno ha modalità molto differenti. C'è chi guarda sempre l'altro negli occhi, c'è chi dà rapide occhiate sfuggenti, chi non guarda mai, insomma le possibilità sono davvero infinite.

Detto ciò, vi starete chiedendo: "Che fare?", semplice! Se Tizio vi guarda sempre, probabilmente per lui è importante mantenere il contatto visivo, quindi voi fate lo stesso.

Caio vi guarda per qualche secondo e poi distoglie lo sguardo? Benissimo, probabilmente se voi lo fissaste troppo a lungo si sentirebbe a disagio, ancora una volta fate come lui. E così via... a ognuno il suo sguardo. Così facendo tutte le persone che parleranno con voi si sentiranno a loro agio.

7. Dove rivolgere lo sguardo

Spesso ai miei seminari mi viene chiesto: "Al di là della durata del contatto visivo, in quale parte del viso o del corpo è meglio fissare l'attenzione?". Ebbene, da alcune ricerche emerge che l'impatto che le nostre affermazioni producono sull'altra persona cambia a seconda della parte del corpo in cui puntiamo il nostro sguardo.

Analizzando i diversi punti in cui focalizzate il vostro sguardo, sarete in grado di modulare a vostro piacere l'intensità del messaggio trasmesso e allo stesso tempo sarete in grado di determinare cosa pensa di voi il vostro interlocutore.

7.1. Sguardo rivolto tra gli occhi dell'interlocutore

Prima di spiegarvi il significato di questo tipo di sguardo, vi invito a eseguire un altro esercizio: chiedete un amico di guardarvi negli occhi e estate attenzione alla sensazione che ne ricevete. È probabile, se siete attenti, che vi sentirete guardati più verso un occhio che verso l'altro. Questa di solito è la percezione normale.

Ora chiedete al vostro amico di fissarvi nel punto situato in mezzo ai due occhi (come rappresentato in foto).

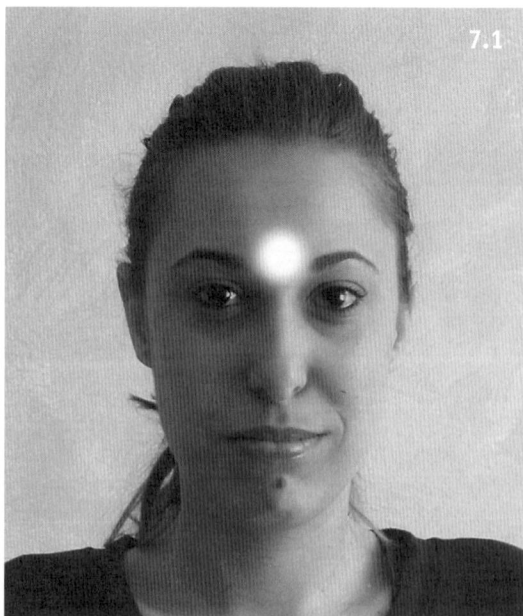

7.1

Così facendo, la sensazione che di solito si riceve è quella di essere fissati in entrambi gli occhi. Questo tecnica era usata dagli ipnotisti per indurre uno stato di soggezione nei loro pazienti. A ben pensarci, il motivo è evidente, capita infatti molto di rado di provare la sensazione di essere guardati in entrambi gli occhi, e quando succede ci sembra quasi di essere trapassati dallo sguardo altrui, sembra che l'altro ci stia entrando dentro. Fissate alla radice del naso quando volete comunicare **serietà d'intenzioni e determinazione**.

Grazie a questa tecnica manterrete facilmente il controllo del discorso e sarete percepiti come **sicuri e carismatici**. È indicato dirigere il proprio sguardo in questo ipotetico punto per una trattativa, per un rimprovero o anche per un incoraggiamento in cui volete risultare particolarmente decisi.

7.2. Sguardo rivolto tra gli occhi e la bocca dell'interlocutore

Guardate l'altro in quest'area per ottenere un **clima di informalità e affettuosità**. Gli sguardi qui rivolti sono tipici delle situazioni in cui vige un'atmosfera serena e rilassata.

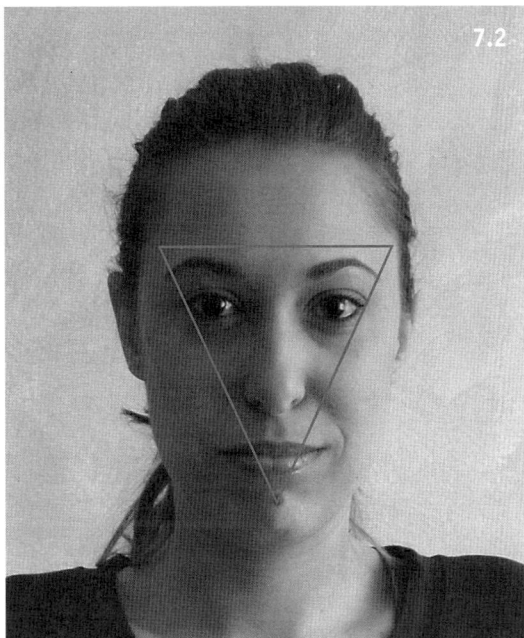

Quando occorre una comunicazione più empatica fissate lo sguardo in quest'area. Questo dato è stato dimostrato attraverso una serie di sperimentazioni empiriche, ma se dovessi darvi una spiegazione logica, francamente potrei soltanto ipotizzarne una. Sarà un caso che in morfopsicologia (la materia che studia il volto in relazione alla personalità) il piano degli affetti sia rappresentato proprio dalla zona compresa in questo triangolo? E che in particolar modo il naso (proprio al centro del triangolo stesso) sia il recettore deputato allo scambio emozionale?

7.3. Sguardo tra gli occhi e il torace

Se il vostro sguardo si muove tra occhi e torace, comunicate un certo **gradimento** verso l'altra persona.

Tale sguardo è indicato se state tentando di sedurre l'altro, ma è poco adatto se vi trovate a un appuntamento formale o di lavoro. Se è l'interlocutore a fissarvi in questa zona, probabilmente cerca di sedurvi.

Anche in questo caso, la logica che sta dietro a questo dato di fatto mi spinge a due considerazioni: da un lato, a livello morfopsicologico, le aree di bocca e mento rappresentano la sessualità e l'istinto; dall'altro, tutti i punti compresi in quest'area (bocca, collo e torace) sono di per sé considerati zone erogene.

Da ricordare:

L'unico modo per acquistare uno sguardo magnetico è quello di adottare sguardi diversi in base a ciò che volete trasmettere.

Dovrete usare quello al centro degli occhi per risultare più determinati, quello tra occhi e bocca per ottenere un clima informale e quello tra occhi e torace per sedurre. Ricordate anche che il tempo di contatto visivo cambia da persona a persona.

Siate flessibili!

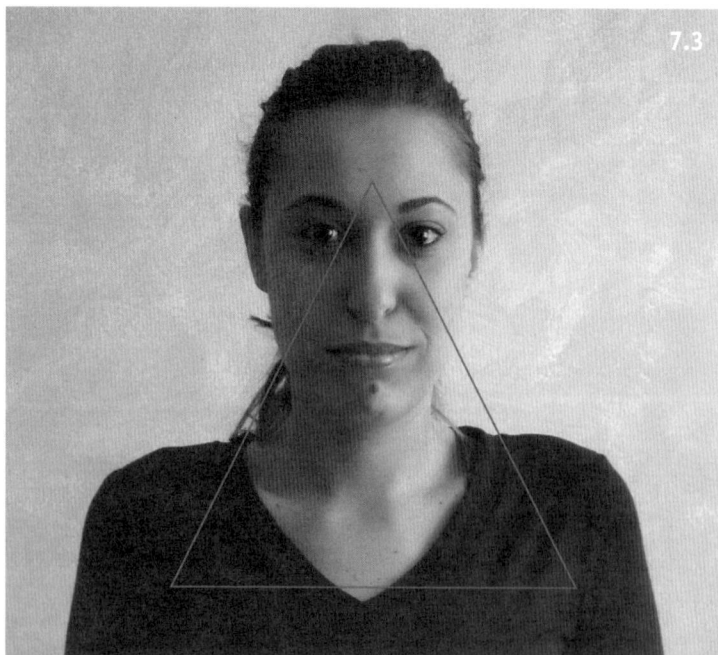

7.3

Capitolo dodicesimo:

Comportamenti frequenti

Qualsiasi cosa tu faccia, so chi sei!

1. Il fumo

In questo capitolo passeremo in rassegna tutti i comportamenti più frequenti che gli esseri umani adottano. In particolare rivolgeremo la nostra attenzione al rituale del fumo, al modo di dormire e di guidare e ai gesti più ricorrenti che ancora non abbiamo esaminato. Grazie a quest'ultima analisi sarete in grado di avere un quadro ancora più completo sul carattere delle persone con cui vi relazionate.

1.1. "Scusi, ha da accendere?"

Come la maggior parte dei nostri gesti, e forse ancora di più, l'azione del fumare funziona classicamente per rituali. Accendere una sigaretta ha già di per sé il significato di "scarico emozionale", ma vedremo ora che, in base al modo in cui si fuma, a cosa si fuma e alla direzione in cui si espelle il fumo, si possono trarre indicazioni interessanti.

La prossima volta che vi capiterà di chiedere da accendere a qualcuno, provate a osservare se l'altro, mentre continua a parlare con voi, estrae l'accendino al primo tentativo e vi fa accendere, oppure se si mette a cercarlo in tutte le tasche.

Nel primo caso siete di fronte a una persona che, così come sa dove tiene l'accendino, allo stesso modo **sa sempre dove tiene ogni cosa**. Da ciò si deduce che apprezza l'ordine e le procedure standard e probabilmente predilige la **routine** al cambiamento. Sarà una persona che preferisce le cose ben collaudate piuttosto che le innovazioni.

Nel secondo, state parlando con una persona **distratta** e che probabilmente ha uno **spirito più creativo** che pianificatore. Da questo elemento potete quindi decidere se essere razionali e schematici oppure creativi ed empatici nella vostra conversazione.

Se vi passa l'accendino, probabilmente è disponibile a condividere ciò che gli appartiene. Se lo tiene lui, viceversa, ha un certo senso del possesso, per cui ha difficoltà ad affidare ad altri le sue cose.

1.2. Fumare la pipa

Fumare la pipa non è semplice e immediato come fumare una sigaretta: questa attività comporta un lungo lavoro di preparazione. Tale lunghezza nella fase preparatoria può esse-

re sopportata solo da una **persona tendenzialmente tranquilla, metodica e paziente**, che valuta attentamente ogni possibile effetto delle decisioni che sta per prendere. Confrontandovi con un fumatore di pipa, le vostre parole d'ordine dovranno essere calma e metodo. Dovrete anche essere chiari ed esaustivi nel presentare le informazioni.

1.3. Fumare il sigaro

Il sigaro tra i fumatori è sinonimo di ricchezza e potenza. Rispetto alle sigarette è decisamente più grande e costoso. In linea di massima, quindi, serve ad aumentare la dimensione psicologica del fumatore e, a seconda della grandezza e della marca, può essere usato per ostentare una certa ricchezza.

Un consumatore abituale di sigari è spesso **molto fiero di sé** e adora essere considerato importante. Che fare quando ne incontrate uno? Adottate ogni stratagemma per "venerarlo". Anteponete ad esempio al suo nome il suo titolo: "Dottor Rossi che piacere incontrarla". Utilizzate aggettivi e superlativi quando parlate con lui: "È stato gentilissimo", "È il miglior professionista che ci sia in circolazione", "Il suo aiuto è preziosissimo…".

2. Come si tiene la sigaretta

Molteplici sono le interpretazioni possibili se si tiene in considerazione il posto in cui si colloca la sigaretta. Vediamo le più comuni:

- **Sigaretta tenuta alla radice delle dita**: indica una persona **solida e determinata** nel raggiungere i suoi obiettivi.

- **Sigaretta tenuta quasi tra la punta delle dita**: è sinonimo di **grande sensibilità** e intelligenza di tipo femminile.

- **Sigaretta chiusa nel palmo della mano**: è tipica delle persone che si preoccupano per gli altri.

3. Dove e come si espelle il fumo

Numerosi esperimenti hanno confermato che quando si soffia il fumo **verso l'alto** di solito si stanno provando **emozioni positive e si è sicuri di sé**. Spesso questo gesto è associato a fasi creative, in cui il soggetto costruisce immagini mentali dei suoi piani futuri. È bene comunicare con tale soggetto in modo da rafforzare la positività di queste immagini.

3.a

3.b

123

Si espira **verso il basso** quando si provano **emozioni negative o si è scettici** su una certa questione. Se l'espirazione è fatta dall'angolo della bocca, le sensazioni negative hanno intensità maggiore.

Le nostre ricerche hanno stabilito che nella maggior parte dei casi l'espirazione dall'angolo destro della bocca è collegata a perplessità di natura razionale, mentre dall'angolo sinistro a perplessità di natura emotiva.

3.1. Espirare dal naso

In generale è sinonimo di **grande sicurezza e determinazione**, ma se la testa è leggermente piegata verso il basso siamo in presenza di umore negativo o collera. Questo atteggiamento ricorda un po' l'icona classica del toro che espelle il fiato dal naso.

3.2. Espellere il fumo dalla bocca in modo violento

Spesso tale atto è accompagnato da un'espressione di disprezzo. Di conseguenza, se mentre state parlando l'altro soffia in questo modo, è possibile che, pur non contraddicendovi a parole, stia disapprovando quanto ha sentito.

3.3. Chi trattiene il fumo e chi lo espelle subito

Se il fumatore inspira e trattiene in bocca il fumo per un certo tempo per gustarne l'aroma, dimostra di sapersi godere i piaceri della vita e di vivere pienamente nel presente. Viceversa chi inspira ed espira velocemente può essere di base un po' ansioso, talmente proiettato verso il futuro da non godere il momento.

4. Come si spegne la sigaretta

4.1. Scrollare la cenere ripetutamente

Scrollare la cenere ripetutamente, anche quando non serve, è indice di **bisogno di essere rassicurato**. Se notate tale movimento nel vostro acquirente durante una proposta

commerciale, cercate di rassicurarlo circa i vantaggi e i bassissimi rischi insiti nell'operazione.

4.2. Spegnere la sigaretta prima del normale

Ogni fumatore è solito spegnere la

sigaretta più o meno sempre nello stesso punto. Se durante la conversazione osservate che l'interlocutore la spegne prima del solito, vi sta comunicando che vorrebbe **chiudere il discorso**.

4.3. Spegnere con forza

Se tale atto non è usuale per il fumatore, il senso metaforico di questo gesto è: "Se potessi spegnerei te e i tuoi argomenti". Indica **aggres-sività** che si vorrebbe probabilmente rivolgere contro chi ci sta parlando. Tale valenza aumenta se si spegne la sigaretta in un solo colpo.

Se tale atto è invece il modo tipico di spegnere la sigaretta, il significato è differente. Vi trovate di fronte a un individuo molto determinato, che piuttosto di arrendersi davanti alle difficoltà le abbatte come un caterpillar e cerca di raggiungere i risultati desiderati a ogni costo.

5. Come si dorme

5.1. Esercizio

Descrivete prima di procedere la posizione in cui dormite di solito.

_____

_____

_____

_____

_____

_____

_____

_____

_____

5.2. Le posizioni del sonno

La **posizione fetale** è di solito assunta da chi ricerca sicurezza e stabilità. Queste persone tendono a essere un po' **timorose** e cercano frequentemente l'approvazione da parte degli altri.

La **posizione a pancia in su** con una gamba piegata è caratteristica delle persone molto **puntigliose**, spesso facilmente irritabili e **nervose**.

La **posizione a pancia in giù** con le mani vicino alla testa indica generalmente una personalità **egocentrica**, che ama attirare l'attenzione su di sé e che talvolta trascura gli altri.

Chi **abbraccia il cuscino** può es-

sere timoroso, insicuro, e chiedere spesso l'approvazione degli altri, in generale ha **bisogno di essere rassicurato**.

6. Come si guida

a. Chi tiene il **volante con due dita** sopravvaluta se stesso e sottovaluta le responsabilità. Tale modo di agire, infatti, in caso di pericolo improvviso mette a rischio la propria e l'altrui incolumità.

b. Chi guida con **tutte e due le mani sul volante** punta sulla stabilità e la sicurezza, sarà quindi una **persona equilibrata**.

c. **Mani sul semicerchio superiore del volante**: indicano capacità immaginativa, uno spirito un po' **sognatore** e comunque predisposto ai rapporti umani.

d. **Mani sul semicerchio inferiore** vengono interpretate come una **mancanza di grinta**, sono tipiche di chi non intende faticare troppo per raggiungere i pro-

6.f

pri scopi e che spesso preferisce accontentarsi piuttosto che combattere.

e. **Mani abbarbicate alla parte inferiore del volante**: persona decisa a essere il "**primo della classe**". Così come stringe il volante, tende a tenere ogni cosa e persona "fra le sue mani". A volte, per riuscirci, può diventare aggressivo o eccessivamente risoluto.

f. La **guida del nonnino**, con le mani strette alla parte superiore del volante, il busto fortemente inclinato in avanti e il naso quasi contro il parabrezza esprime la tensione e l'apprensività di chi vive costantemente in "stato di incertezza".

g. **Braccia quasi distese e testa ben appoggiata**, è la postura preferita da colui che prende la

127

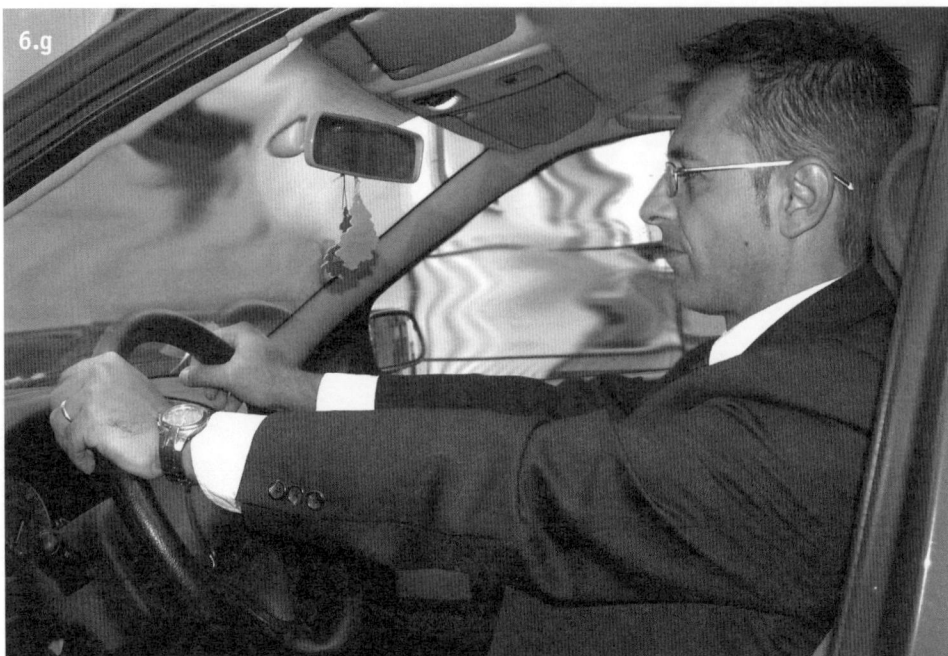

6.g

vita con calma ed è capace di affrontare in relax anche le situazioni potenzialmente stressanti.

h. **Braccio appoggiato alla por-**

tiera, è la classica posizione del bullo, di chi ostenta sicurezza nei propri mezzi, ma anche di uno spirito libero e un po' selvaggio.

7. Altri gesti frequenti

7.1. Sistemare i bottoni o i vestiti altrui

Specie se prolungato o ripetuto nel tempo, questo gesto indica molto di più di un semplice voler "attaccar bottone", può esprimere infatti un: "Vorrei prendermi cura di te in tutti i sensi". È un gesto che in certi casi ha valenza erotico-seduttiva, in altri semplicemente indica la volontà di chi lo compie di fare un po' da chioccia. Sia nel primo che nel secondo caso, utilizzando frasi come: "Ho bisogno di...", "Potresti aiutarmi a...", concederete esplicitamente all'altro la possibilità di prendersi cura di voi.

128

7.2. Giocare con la collana

È un segnale di **gradimento e interesse**. Se siete in presenza di una
persona dell'altro sesso è probabile
che il vostro interlocutore desideri
conoscervi meglio.

In presenza di qualcuno dello stesso sesso o quando non ci sono possibilità che si tratti di un tentativo di
seduzione, il vostro interlocutore apprezza ciò che state dicendo.

7.3. Giocare con l'anello

La persona con cui parlate continua
a giocare con l'anello? Dovete sapere che siete in presenza di un gesto
fortemente autoerotico e che avete stuzzicato fantasie un po' *hard*.

Nel caso si sfili la fede, vi sta con-
fessando (per lo meno a livello inconscio) la sua disponibilità all'adul-
terio. Quando ripetutamente si sfila
e infila l'anello, avete provocato nella
persona un conflitto interiore fra
moralità e trasgressione.

7.4. Oggetti in bocca

Vi ricordate quando da piccoli met-
tevate in bocca il dito? Quando fa-
cevate questo gesto? Probabilmente avrete pensato una cosa del genere: "Quando avevo **bisogno di
sicurezza e di rassicurazione**".

Portare alla bocca dita, matite,

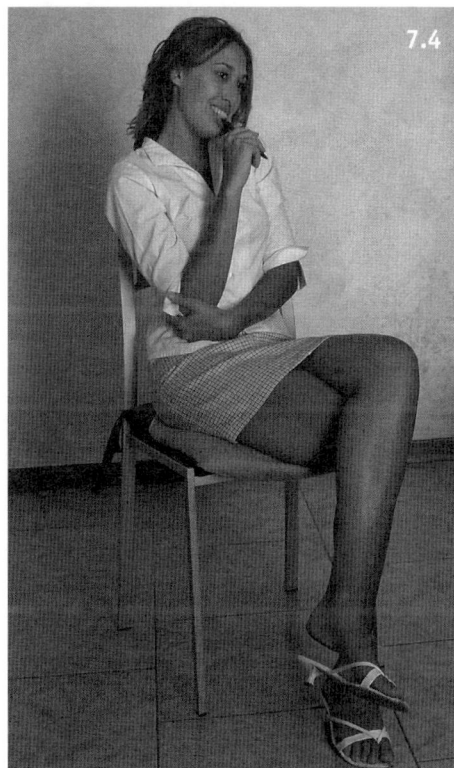

sigarette o altro ha proprio questo significato, cercate quindi di mostrarvi premurosi e incoraggiate la persona osservata. Spesso le donne utilizzano questo gesto per sembrare delle "gattine indifese" e lanciare all'uomo il messaggio: "Accudiscimi".

Differente interpretazione è data quando la matita viene picchiettata sul labbro. La persona in tal caso sa di avere la soluzione giusta per la discussione in corso. Datele allora la parola o chiedetele un consiglio.

7.5. Gesti con le labbra

Perché le donne mettono il rossetto? Chiaramente per mettere in evidenza una parte di loro molto femminile e sensuale. Allo stesso modo (in questo caso vale per entrambi i sessi), le azioni di passare la lingua fra le labbra, mordicchiarsele o sfiorarle con l'indice o con un oggetto hanno una duplice funzione: da un lato rendere le labbra più turgide e quindi sensuali, dall'altro attirare l'attenzione dell'interlocutore su questa zona. Sono tutti indicatori di **gradimento e attrazione**.

7.6. Bacio analogico

Per **bacio analogico** s'intende un movimento che ricorda, in maniera leggermente celata, quello di man-

dare un bacio. In questo caso siete davanti a un **segnale di attrazione utilizzato sia dagli uomini che dalle donne**.

7.7. Lasciarsi sfuggire qualcosa di mano

Lasciarsi sfuggire qualcosa di mano è indice di un forte livello di **emotività**. A mettere il soggetto in tensione possono essere eventi sia negativi che positivi. Ad esempio la forte gioia nel rivedere qualcuno dopo molto tempo, la vincita di un grosso premio, una pessima notizia, sono tutte condizioni abbinabili a tale gestualità.

7.8. Gesti con gli occhiali

Immaginate che durante una trattativa il cliente cui proponete un affare si **tolga gli occhiali portando l'asta alla bocca**. Egli sta sicuramente **valutando la situazione**. Se successivamente **si rimette gli occhiali**, vuol dire che **vuole vederci più chiaro** e sarà bene riesaminare i passaggi salienti di quanto avete fin lì spiegato. Se invece li ripone in tutta fretta nella custodia, allora vuole terminare la conversazione e probabilmente potete dire addio all'affare.

Durante un incontro romantico,

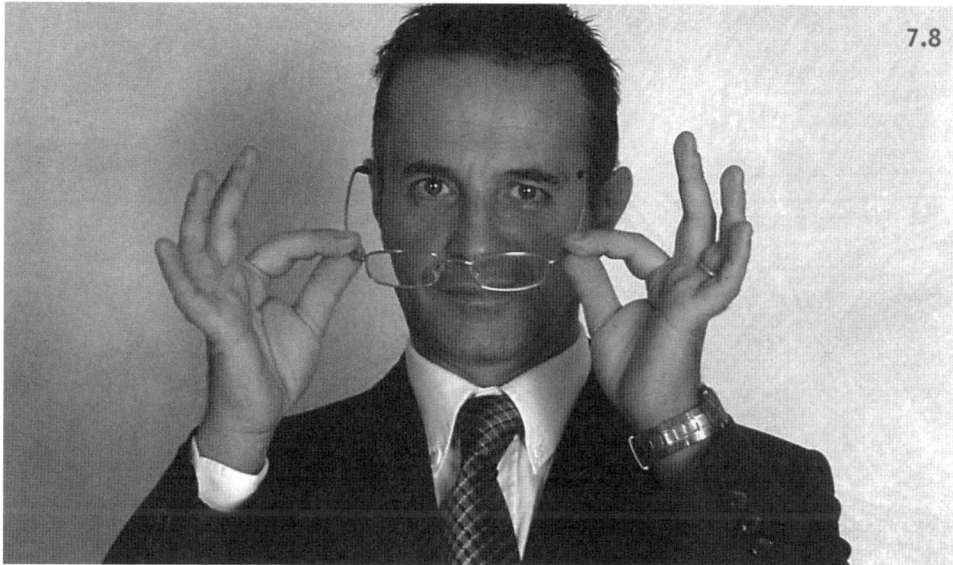
7.8

invece, chi si toglie gli occhiali sta eliminando una barriera tra sé e l'altra persona, rivelando la propria attrazione.

7.9. Sistemarsi l'orologio ripetutamente

7.9

Si è **persa l'empatia** della comunicazione, l'interlocutore vuole andarsene. Non necessariamente la causa siete voi, è possibile ad esempio che semplicemente abbia un altro appuntamento. A ogni modo, come spesso suggerisco in casi simili, meglio congedare l'altro per primo e rimandare la conversazione a un successivo incontro.

È anche vero che questo gesto può essere usato per **dissimulare**

la tensione e rientra quindi nella categoria dei gesti di **scarico emozionale**. In questo caso, però, è spesso associato al sistemare i polsini della camicia.

7.10. Stringere con forza un oggetto

State attenti quando chi vi parla sta letteralmente stritolando l'oggetto che ha in mano. È un forte segno di **aggressività repressa**.

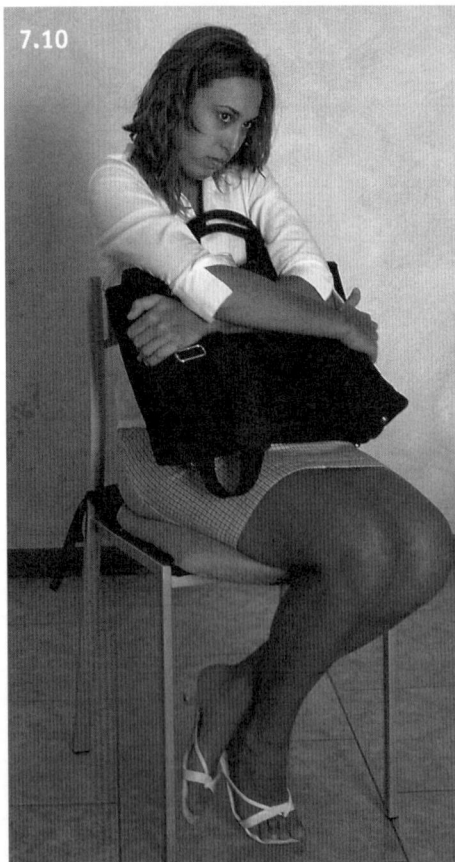

7.11. Barriere con gli oggetti

Per quale motivo secondo voi si notano spesso in ascensore, autobus o metropolitana persone che "abbracciano" borse, libri o indumenti?

Ricordando quanto spiegato relativamente alla prossemica, è semplice intuire che in luoghi del genere il proprio spazio psicologico è soggetto a invasioni continue da parte di estranei. L'interposizione di una barriera davanti a sé ha quindi la funzione di recuperare almeno in parte il proprio spazio.

7.12. Allontanare gli oggetti lateralmente

Spingere gli oggetti lateralmente indica il desiderio di rimuovere l'argomento discusso e di cambiarlo con altri.

7.13. Portare gli oggetti verso sé o verso l'altro

Chi desidera avere maggior spazio nel discorso oppure non è d'accordo con quanto viene detto, cerca di recuperare spazio personale spostando gli oggetti che ha davanti verso il suo interlocutore.

Viceversa, chi gradisce la persona che ha davanti e intende avere un maggior contatto, li avvicinerà a sé.

7.14. Giocare con gli oggetti altrui

Giocare con gli oggetti altrui esprime solitamente **interesse e gradimento** e rappresenta un invito all'altro a provare a riprenderseli, un segno di seduzione in alcuni casi, l'approvazione per ciò che è stato detto in altri.

7.15. Giocare con l'accendino altrui

Questo è un gesto a forte valenza simbolica, che indica il **desiderio di essere riscaldati dall'altro**. Se il movimento di accendere e spegnere è molto rapido, tuttavia, può esprimere insoddisfazione e persino rabbia ("Quasi quasi ti darei fuoco").

Capitolo tredicesimo:

I segnali della menzogna

Come smascherare i bugiardi

1. Si può scoprire quando l'altro mente?

Desmond Morris, famoso antropologo, condusse vari esperimenti sulle modalità non verbali della menzogna.

In uno di questi chiese a un gruppo di infermiere di raccontare scene a cui avevano assistito in sala operatoria. Spiegò loro che, se avessero saputo mentire adeguatamente, la loro carriera sarebbe stata migliore, poiché avrebbero potuto rassicurare i parenti dei pazienti che si trovavano in condizioni difficili.

Passeremo in rassegna in questo capitolo alcuni degli indizi non verbali che Morris constatò con maggior frequenza durante i suoi esperimenti sulla menzogna e aggiungeremo a questi le nostre osservazioni.

È corretto tuttavia ricordare che i segnali in esame non sono di per sé rivelatori di menzogna, ma in realtà denotano un forte stato di tensione emotiva del soggetto che li mette in atto. Sta alla capacità del comunicatore flessibile intuire quando questa tensione sia il prodotto di fattori esterni e quando essa sia invece effettivamente dovuta allo stress che si prova nel mentire. In particolare, se vi trovate in situazioni in cui non c'è motivo per cui il vostro interlocutore debba essere nervoso e captate da parte sua più segnali di tensione, allora è probabile che egli stia mentendo.

2. Esercizio

Avete mai avuto a che fare con qualcuno che vi ha mentito spudoratamente riguardo a un'esperienza da lui fatta e poi l'avete scoperto?

Bene, provate a ricordare tutti i comportamenti non verbali da lui messi in atto e fate un elenco scritto. Riscontrerete probabilmente alcuni dei gesti sotto riportati.

_____

_____

_____

_____

3. I migliori segnali per scoprire la menzogna

3.1. Mani nascoste o congelate

Ogni gesto che tende a inibire l'azione delle mani esprime un tentativo di bloccare la tensione interna. Anche la menzogna porta generalmente con sé una decisa riduzione di tutta la gestualità relativa alle mani. Quando sta parlando, chi mente evita di accompagnare il suo discorso con il movimento delle mani, probabilmente per paura che esse lo possano tradire. **Indizi ricorrenti** possono ad esempio essere **mettere le mani in tasca, dietro la schiena, o tenerle bloccate l'una con l'altra**.

3.2. Più autocontatti al viso

La persona che sta mentendo si sfrega frequentemente il mento o il sopracciglio, si stropiccia gli occhi o mette le mani davanti alla bocca o sotto il naso. Aumentano in sintesi tutti gli autocontatti verso la zona del viso.

3.3. Colpo di tosse

Il colpo di tosse è un segnale che insieme ad altri può essere provocato da una tensione interiore, determinata dal fatto di sapere che si sta mentendo.

3.4. Sfiorarsi il naso

La menzogna fa prudere le terminazioni nervose del naso e quindi il movimento assume il significato di quelli precedenti, anche se è più mascherato.

3.5. Aumento dei movimenti del corpo

In particolare aumentano i cambiamenti di posizione e i movimenti del tronco, delle gambe e dei piedi. Può darsi per esempio che il soggetto osservato continui a spostarsi sulla sedia, ad alzarsi e risedersi o a cambiare spesso posizione delle gambe.

3.6. Restringimento delle pupille

Le pupille si dilatano quando si prova piacere e si restringono davanti a una cosa sgradevole. Anche quando si mente si restringono. L'unico inconveniente di questo segnale è che risulta molto difficile da cogliere ed è inoltre influenzato dal fattore luce.

3.7. Più ammiccamenti delle palpebre

Il ricercatore giapponese Kyosue Fukuda ha individuato un altro segnale di menzogna degli occhi altrettanto affidabile e sicuramente più evidente; si tratta dell'aumento dell'ammiccamento delle palpebre.

3.8. Variazioni della pigmentazione

Improvvise variazioni della pigmentazione possono essere indicatrici di una menzogna o comunque di una situazione emotivamente stressante. Si tenderà ad arrossire facilmente quando si viene scoperti o a impallidire in altre situazioni.

3.9. Respirazione accelerata

Generalmente la respirazione si accorcia e si velocizza quando siamo tesi.

3.10. Sudorazione

Aumenta, specie nella zona frontale, tra naso e bocca e sul palmo della mano.

3.11. Incongruenza dei segnali non verbali

Chi mente spesso mostra qualche tipo di incongruenza tra i vari segnali non verbali. Solitamente la parte che riesce a mascherare meglio è quella alta, e l'incongruenza si verifica a un livello inferiore, ad esempio sorride dicendo: "Sono felice", e nel frattempo stringe i pugni.

Capitolo quattordicesimo:

I sistemi rappresentazionali

Come capire gli altri e farseli amici

1. Programmazione neurolinguistica e linguaggio del corpo

Tra poco comincerò a parlarvi della PNL, in particolare di quegli aspetti della PNL che sono legati alla comunicazione. Prima, però, mi sembra doveroso fare una breve premessa.

Generalmente chi si occupa di programmazione neurolinguistica non ritiene utile la conoscenza del linguaggio dei gesti, e allo stesso modo gli studiosi di comunicazione non verbale non applicano le tecniche di PNL.

Gli autori che fino a ora hanno scritto e parlato di queste due discipline le hanno talvolta poste in antitesi, come se si trattasse di materie tra loro in conflitto, come se il buon comunicatore dovesse scegliere tra l'una e l'altra. A volte si sono semplicemente limitati a ignorarsi reciprocamente, non trovando punti di accordo.

La mia visione delle cose, invece, è più articolata. Nei prossimi capitoli dimostrerò al lettore che non solo queste due discipline sono tra loro decisamente complementari, ma che esse servono necessariamente l'una all'altra, per offrire a chi intende diventare un comunicatore efficace e flessibile strumenti davvero formidabili. Forse in tal modo il percorso diventerà un po' più lungo e complesso, ma è altrettanto vero che solo così chi legge e mette in pratica quanto appreso potrà avere un quadro della situazione completo e perfettamente rispondente alla realtà: non modelli astratti e teorici, ma esperienze pratiche da sperimentare nella vita di tutti i giorni per migliorare i propri rapporti interpersonali.

2. Cos'è la PNL

Nonostante siano passati ormai più di trent'anni da quando questa disciplina è stata inventata, credo sia doveroso fare alcuni cenni storici e spiegare a quanti di voi ancora non la conoscono di cosa si tratti. I creatori di questa disciplina, Richard Bandler e John Grinder, scelsero un acronimo un po' complesso per spiegare in realtà un concetto semplice. Le parole che misteriosamente si celano dietro tale sigla sono: programmazione neurolinguistica.

Programmazione si riferisce al fatto che ogni individuo agisce in un certo modo piuttosto che in un altro perché si basa sui suoi "programmi mentali". Questi possono non solo essere conosciuti e codificati, ma anche modificati consapevolmente dalle persone (naturalmente quando imparano come farlo).

Neuro sta per sistema nervoso. Ogni esperienza umana, infatti, non è altro che la combinazione delle informazioni che riceviamo attraverso i cinque sensi e che viene poi elaborata dal sistema nervoso.

Linguistica fa riferimento al linguaggio, a ogni comunicazione verbale e non verbale.

Uno dei filoni di questa disciplina che nel corso degli anni è stato maggiormente sviluppato è proprio quello della comunicazione, in tutti i suoi aspetti verbali e non verbali. Sarà su questo che concentreremo particolarmente la nostra attenzione.

3. Dimmi dove guardi e ti dirò come pensi

Spesso durante il mio lavoro mi viene chiesto se sia possibile capire effettivamente cosa l'altra persona stia pensando, se si possa entrare letteralmente nella sua testa.

La mia risposta è quella di provare a prendere un grosso martello, suonarlo in testa all'altra persona e scoprire così cosa c'è dentro. Poi, ricordando che spesso, anche quando faccio una battuta, le mie parole vengono seguite alla lettera, mi limito a svelare lo strumento che più si avvicina a soddisfare questo desiderio.

Grazie alla PNL possiamo oggi capire quale tipo di informazioni il nostro interlocutore stia mentalmente elaborando, semplicemente osservando i suoi movimenti oculari, che vengono definiti "segnali d'accesso oculari". Grazie a essi, potrete capire se l'osservato sta ripescando dalla sua memoria informazioni di tipo visivo (immagini), di tipo auditivo (suoni) o di tipo cinestesico (sensazioni).

Il meccanismo è molto semplice: il nostro cervello immagazzina qualsiasi esperienza in base ai cinque sensi. A seconda di quale sia quello maggiormente coinvolto in una data circostanza, va ad archiviare il ricordo in aree differenti. Ogni volta che dobbiamo riportare qualcosa alla coscienza, non facciamo altro che andare in memoria a ripescarlo. Nel farlo i nostri occhi, che sono strettamente connessi al nostro sistema nervoso, si sposteranno in una certa direzione, rivelando a chi osserva dall'esterno che tipo di informazioni andiamo a richiamare.

Nelle spiegazioni successive, tenete conto del fatto che voi che osservate vedrete gli occhi spostarsi verso la vostra destra quando l'interlocutore li sposterà alla sua sinistra e viceversa. Le foto vi aiuteranno.

3.1. Occhi in alto a sinistra (visivo ricordato)

La persona sta ricordando un'immagine che ha visto nel passato, ad esempio sta pensando al colore che aveva la sua bicicletta quando era piccolo, sta ricordando il volto di una persona incontrata qualche tempo prima e così via...

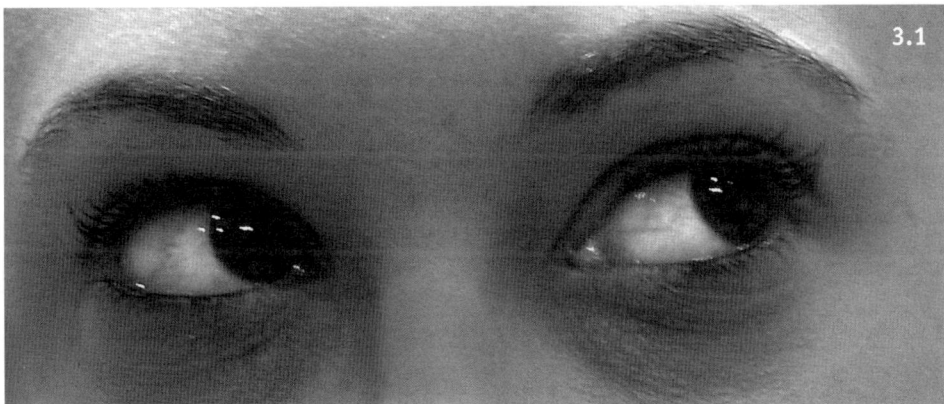

3.1

3.2. Occhi in alto a destra (visivo costruito)

La persona sta visualizzando mentalmente un'immagine creata dalla sua fantasia. Per esempio, se vi chiedessi di immaginare di avere i capelli verde fosforescente, sareste costretti a compiere questo gesto (a meno che non abbiate effettivamente avuto i capelli verdi).

Attenzione, non vuol necessariamente dire che chi guarda in alto a destra stia mentendo. Capita infatti che alcuni nostri ricordi siano un po' frammentari e quindi vengano integrati attraverso immagini costruite.

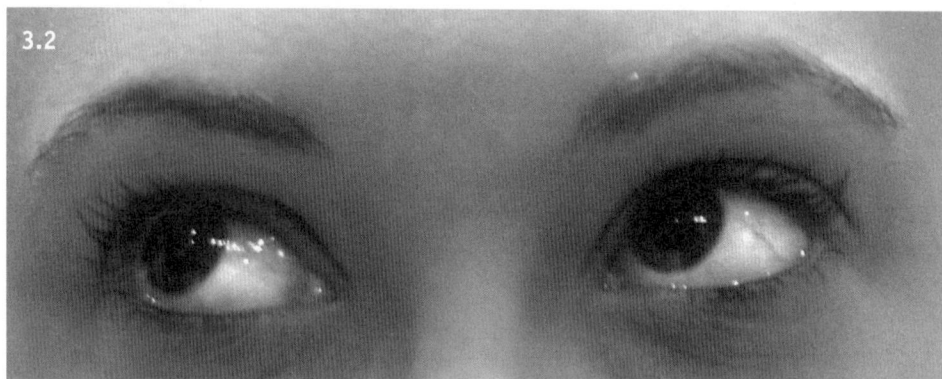

3.3. Occhi in centro (visivo recente)

Si stanno visualizzando immagini viste recentemente. Può succedere anche che si tratti di immagini del passato che sono rimaste particolarmente impresse nella nostra mente.

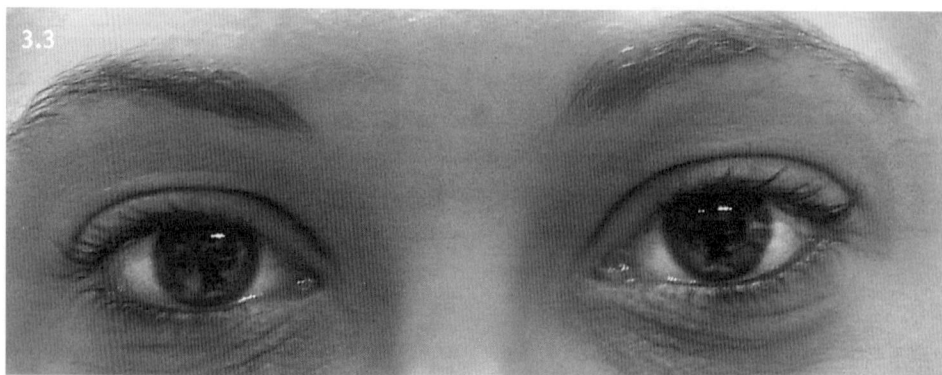

3.4. Occhi in posizione centrale verso sinistra (auditivo ricordato)

Si riascolta un suono che si è senti-to nel passato, ad esempio il rombo del motore della propria auto, il suono della sveglia, le parole di qualcuno…

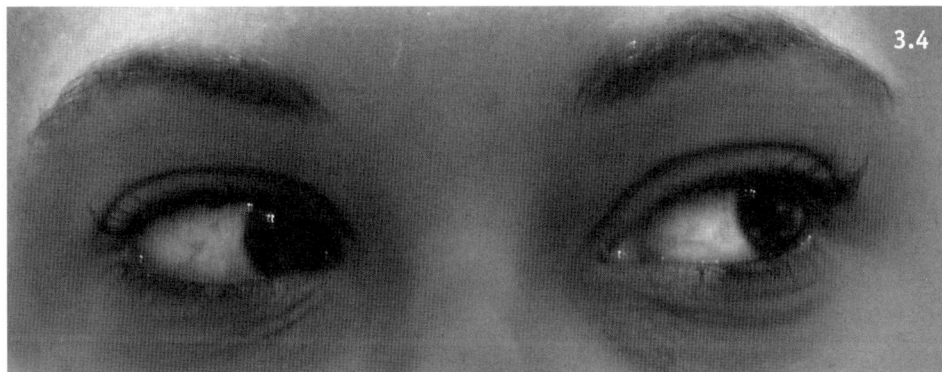

3.4

3.5. Occhi in posizione centrale verso destra (auditivo costruito)

Si costruisce mentalmente un nuovo suono. Se vi chiedessi che rumore fa lo scoppio di un pneumatico e voi non lo aveste mai sentito realmente, i vostri occhi andrebbero verso destra in posizione centrale.

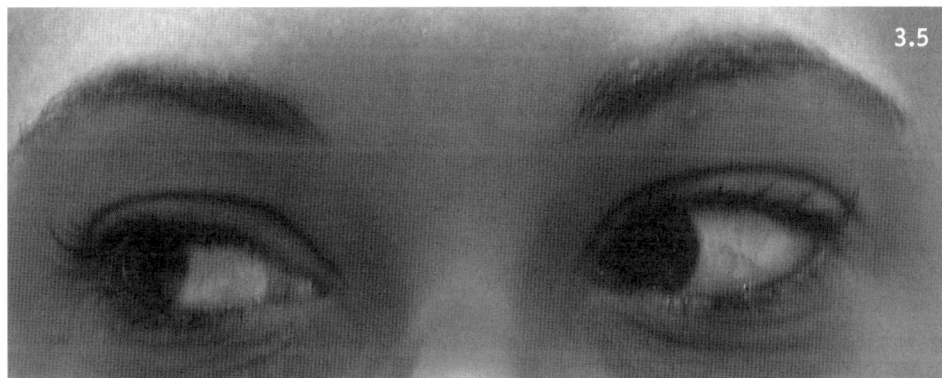

3.5

3.6. Occhi in basso a destra (cinestesico)

Si rivivono sensazioni tattili, odori o gusti particolari. Provate a pensare a una sensazione intensa e piacevole e vi accorgerete che state guardando proprio in basso a destra.

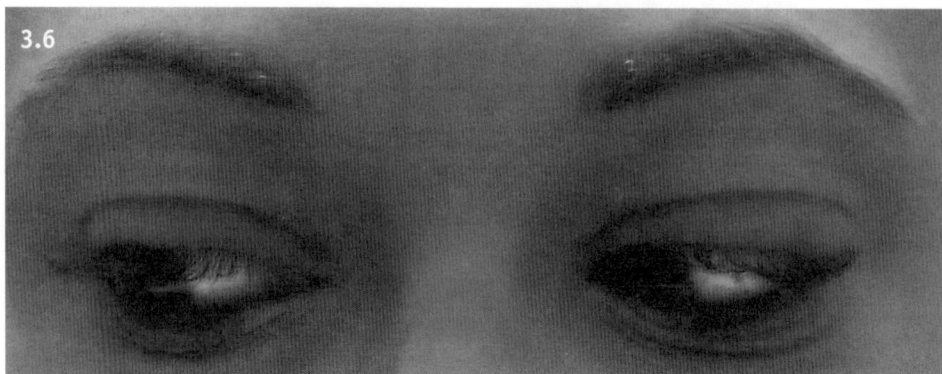

3.6

3.7. Occhi in basso a sinistra (dialogo interno)

Si parla con se stessi, si fanno ragionamenti interni. Spesso, quando si fa un ragionamento interiore, oltre agli occhi anche la testa si sposta in basso verso sinistra. Pensate per memorizzare queste informazioni alla classica posizione del pensatore.

Certamente avete ora a disposizione uno strumento per farvi un'idea dei processi mentali altrui, ma ciò che potrà fare una grande differenza per le vostre relazioni personali è approfondire il tema dei sistemi rappresentazionali. Lo faremo nel prossimo paragrafo...

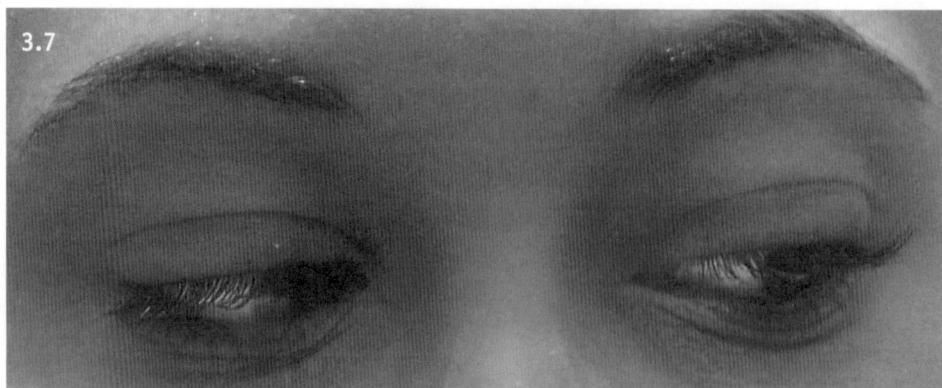

3.7

Perché alcune persone vi stanno istintivamente simpatiche, e dite che "a pelle" sono compatibili con voi?

Perché qualcuno nel raccontarvi una storiella semplice riesce ad affascinarvi e a farvi immergere nella situazione come se la steste vivendo davvero, ma altri che raccontano storie di per sé molto interessanti vi annoiano tremendamente?

E ancora, perché talvolta si crea una sintonia immediata tra voi e un'altra persona e in altre occasioni, nonostante i vostri buoni propositi, questo feeling manca del tutto?

Credo che le risposte più interessanti a questi interrogativi siano fornite proprio dai sistemi rappresentazionali che ho sintetizzato in questo paragrafo.

Come avrete capito la PNL ha individuato tre orientamenti comunicativi, a seconda che le persone percepiscano ed elaborino la realtà prevalentemente attraverso il canale visivo, quello auditivo o quello cinestesico (delle sensazioni). Premettendo che non esistono tipologie pure (ogni persona utilizza infatti tutti e tre i canali), ognuno tenderà a usarne uno in particolare con più assiduità. A livello comunicativo, il tutto si traduce in notevoli differenze sia dal punto di vista verbale che da quello paraverbale e non verbale.

Essendo questo un libro dedicato al linguaggio del corpo, tratteremo brevemente le caratteristiche verbali e paraverbali, per concentrarci con più attenzione sulla comunicazione non verbale, per l'appunto.

4.1. IL TIPO VISIVO

4.1.1. Come il visivo struttura il discorso

Colui che ha una prevalenza visiva spesso tende a dare risalto all'aspetto estetico delle cose, ne descrive il design e le qualità cromatiche, la dimensione e la forma. Descrive cose e luoghi in cui è stato con dovizia di dettagli riferiti a caratteristiche visive.

Parla di solito per concetti generali e salta nell'eloquio i ragionamenti che lo hanno portato alle sue conclusioni. Talvolta, nel costruire le frasi, proprio perché ha tutto visualizzato sul suo schermo mentale, omette il soggetto o il complemento.

4.1.2. Come capire dalle parole dette quando la persona è visiva

Questa prevalenza è facilmente riconoscibile sul piano verbale in base all'utilizzo molto frequente di verbi, aggettivi e metafore tipicamente visive.

Alcune frasi caratteristiche possono essere per esempio: "**Vedi**, la situazione non mi **è chiara**", "Non riesco a **mettere a fuoco** i vantaggi di ciò che mi **ha descritto**", "**Ho inquadrato** il problema"…

4.1.3. Come capire dal paraverbale quando la persona è visiva

Il visivo tende a parlare velocemente, per riuscire a seguire il flusso di immagini che scorre veloce nella sua testa. Spesso le informazioni si susseguono in modo talmente rapido che le parole vengono troncate prima della fine e incollate le une alle altre, rendendo le pause discorsive quasi nulle. Il tono è generalmente alto e la voce acuta.

4.1.4. Il non verbale del visivo

Per avere più facile accesso alle immagini, i visivi tendono a stare piuttosto dritti e con il capo orientato verso l'alto. La respirazione è spesso alta, concentrata nella zona del petto, ed è proprio questo elemento che spinge il visivo ad avere un paraverbale accelerato e una voce acuta.

I suoi movimenti sono fluidi, i gesti sono ampi e sono collocati esternamente rispetto al corpo. I visivi utilizzano lo spazio come una proiezione del proprio spazio mentale, e quindi sia quando parlano che quando pensano tenderanno a muoversi utilizzando tutto lo spazio circostante. Mentre elaborano le informazioni, come detto nel precedente paragrafo, muoveranno spesso gli occhi verso l'alto.

4.1.5. Cosa fare con il tipo visivo

Date prima il senso generale delle cose e poi, se è lui a chiederlo, approfondite i dettagli. Sarete molto apprezzati se andrete subito al dunque senza tanti fronzoli e tentennamenti.

Per presentare un progetto a un visivo è consigliabile una buona documentazione cartacea o slide contenenti grafici, fotografie e illustrazioni. Ricordatevi inoltre di parlare abbastanza velocemente, altrimenti si annoierà. A livello non verbale evitate di essere troppo "ingessati".

4.2. IL TIPO AUDITIVO

4.2.1. Come l'auditivo struttura il discorso

Vi accorgerete di essere in compagnia di una persona auditiva perché questa tipologia ragiona per passi e spiega sovente come ha fatto ad arrivare a una certa conclusione.

È molto dettagliato nel raccontare particolari, e talvolta può apparire un po' pignolo. Dà e pretende informazioni dettagliate e precise.

4.2.2. Come capire dalle parole dette quando la persona è auditiva

I riferimenti verbali e le metafore sono per la maggior parte di tipo auditivo. Alcune frasi tipiche possono essere per esempio: "**Ascolta**, questa proposta non mi **suona bene**", "Qualcosa **mi dice** che…", "**Non mi dire** che non l'hai mai sentito…".

4.2.3. Come capire dal paraverbale quando la persona è auditiva

L'auditivo espone con un ritmo di voce intermedio e un tono piacevole e musicale, le sue parole risultano chiare e ben scandite.

4.2.4. Il non verbale dell'auditivo

Anche la postura dell'auditivo può risultare piuttosto dritta, ma contrariamente a quella del visivo può essere un po' rigida. La testa non è orientata verso l'alto, ma è quasi un tutt'uno con il busto. Quando parla o è attento a ciò che dite, noterete che la inclina leggermente, come per tendere un orecchio.

La respirazione si concentra nel torace ed è più bassa rispetto a quella del visivo. Si muove un po' a scatti e i suoi gesti non si allontanano dal corpo per una distanza maggiore di quella di un avambraccio. Di solito le mani accompagnano il discorso muovendosi simultaneamente e quasi sempre su un piano orizzontale. Mentre elabora le informazioni, sposterà spesso gli occhi lateralmente o in basso a sinistra.

4.2.5. Cosa fare con il tipo auditivo

Argomentare nel dettaglio le vostre proposte ed evitare di essere generici o imprecisi. Meglio condurre il discorso in modo semplice e lineare, palesando le azioni da compiere nella loro esatta sequenza.

Se dovete descrivere un progetto a un auditivo, meglio farlo con dati statistici e tabelle riassuntive. La persona con questa prevalenza facilmente vorrà esaminare nel dettaglio almeno alcuni aspetti della proposta. Per tale ragione è meglio che prepariate un buon indice, così da consentirgli di individuare subito i punti di interesse, e che nel complesso facciate un lavoro ben approfondito.

Mantenete un ritmo di voce intermedio e la sua attenzione sarà presto conquistata. La vostra parola chiave a livello di comunicazione non verbale dovrà essere "moderazione", evitate quindi un'eccessiva mimica e distanze troppo ridotte o frequenti contatti.

4.3. IL TIPO CINESTESICO

4.3.1. Come il cinestesico struttura il discorso

I cinestetici pongono la loro attenzione in prevalenza sui contenuti, memorizzano facendo pratica e tendono a riferire tutto a sensazioni fisiche. Nel parlare citano spesso le attività fatte, l'atmosfera dei luoghi e le persone presenti.

Qualora un cinestesico andasse ad acquistare un'auto, probabilmente la prima cosa che farebbe sarebbe quella di sedersi per provare il comfort, toccherebbe il volante e il cambio e chiederebbe al venditore di provare l'auto su strada.

4.3.2. Come capire dalle parole dette quando la persona è cinestesica

I riferimenti verbali sono per la maggior parte relativi a sensazioni fisiche. Le frasi pronunciate più spesso sono ad esempio: "L'aria è **pesante**", "Mi sento **oppresso**", "Ho **il peso del mondo addosso**", "Preferisco prenderla **alla leggera**", "È una persona **calorosa**"...

4.3.3. Come capire dal paraverbale quando la persona è cinestesica

Il cinestesico espone con un ritmo di voce lento o medio lento, perché deve tradurre le sue emozioni in parole, effettua pause discorsive lunghe rispetto agli altri tipi e ha un tono di voce più basso e talvolta lamentoso.

4.3.4. Il non verbale del cinestesico

La postura del cinestesico è leggermente curva, con il corpo che si ripiega su se stesso, e i passi sono lenti e trascinati. Il respiro è addominale.

Il cinestesico ama il contatto con le cose e con gli altri, ma a questo proposito dobbiamo distinguere due sottocategorie. La prima è riconoscibile in quanto la ricerca del contatto fisico con gli altri è quasi fisiologica. Appartengono a questo gruppo le persone che appena ti incontrano vengono ad abbracciarti, e durante la conversazione non possono fare a meno di avvicinarsi a voi e di toccarvi (magari sugli avambracci o sulle spalle).

La seconda modalità non verbale possibile è quella di un cinestesico che apprezza il contatto in modo selettivo, ossia lo ricerca trovandosi di fronte a persone conosciute, ma lo evita (e anzi gli procura disagio) con persone che non rientrano nella sua sfera di amicizie.

Mentre elabora le informazioni, orienterà spesso gli occhi verso il basso a destra.

4.3.5. Cosa fare con il tipo cinestesico

Esponete le cose lentamente e concentrate le spiegazioni sugli aspetti concreti e tangibili. Nel caso in cui dobbiate insegnare qualcosa a un cinestesico sappiate che lui aspetta il momento di fare pratica. Ugualmente importante per convincerlo circa la bontà di un prodotto è fargli provare fisicamente le caratteristiche organolettiche e le sensazioni che ne possono scaturire. Il vostro corpo deve comunicare calore e partecipazione emotiva.

Come già detto a inizio capitolo, nessuno prima d'ora è riuscito a mettere in evidenza la complementarietà della programmazione neurolinguistica rispetto all'interpretazione dei gesti, ma ora che avete letto la descrizione dei tre sistemi rappresentazionali prevalenti, immagino che anche voi iniziate a condividere la tesi qui prospettata.

È chiaro, ad esempio, che ogni gesto esaminato nella prima parte del libro potrà essere effettuato sia dalle persone con prevalenza visiva che da quelle con prevalenza auditiva e cinestesica. L'osservatore attento, mentre valuta il gesto, potrà cogliere in modo abbastanza semplice anche il canale comunicativo preferito dal proprio interlocutore.

Un esempio pratico chiarirà ancora meglio il concetto: prendete in considerazione il gesto di puntare l'indice a cui, nel capitolo 4, abbiamo attribuito il significato di comando. Questo stesso gesto, in base al modo in cui sarà effettuato, vi potrà far scoprire il canale prevalentemente utilizzato dall'interlocutore. Se punta l'indice in modo rapido, ad esempio, con un movimento fluido che si sviluppa lontano dal suo corpo, probabilmente in quel momento ha una modalità prevalentemente visiva. Se il braccio si sposta nello spazio limitrofo al corpo e il gesto risulta un po' macchinoso, come se fosse eseguito a scatti, il canale comunicativo preferito sarà quello auditivo. Infine, una persona con tendenza cinestesica effettuerà lo stesso gesto lentamente, con il braccio praticamente attaccato al corpo.

Allo stesso modo, a seconda dell'ampiezza e della fluidità di movimento, l'atto di mostrare i palmi delle mani cui abbiamo dato un certo significato, sarà effettuato dalle tre tipologie della PNL in maniera differente. Il visivo si muoverà in modo fluido, rapido e ampio; l'auditivo un po' a scatti, spostando i suoi arti in uno spazio più limitato; infine il cinestesico gesticolerà stando più raccolto verso se stesso.

Anche per le posture assunte da seduti varranno le stesse indicazioni. Pensate a una persona con braccia e gambe in posizione di chiusura. Se notate anche che il busto o la testa sono orientati verso l'alto quale prevalenza comunicativa avrà questo soggetto? E se invece tenesse braccia e gambe incrociate, con la testa leggermente inclinata di lato e il busto dritto? E ancora, se ai suddetti segnali di chiusura fossero associate spalle un po' cadenti e corpo raggruppato su se stesso? Avrete capito che si trattava nel primo caso di un soggetto visivo, poi di uno auditivo e infine di uno cinestesico.

Come avrete potuto constatare il discorso fila perfettamente e le incongruenze risultano essere solo il frutto del pensiero di qualche "estremista" della PNL e del linguaggio del corpo. Del resto si sa che, quando si abbraccia una fede in modo molto stretto, si rischia talvolta di non vedere ciò che invece è evidente.

L'argomento del prossimo capitolo sarà il "rapport", ossia il modo per entrare rapidamente in sintonia con le persone. Anche in questo caso può darsi che i fanatici della PNL abbiano qualcosa da obiettare nel vedere inserita tale tecnica in un libro di comunicazione non verbale. Il motivo è il seguente: essi, semplificando eccessivamente la realtà delle cose, sostengono che in ogni momento e a prescindere dal comportamento altrui, la cosa migliore da fare sia entrare in rapport attraverso il rispecchiamento. Come vedremo tra breve, rispecchiare o ricalcare significa adottare le stesse modalità comunicative dell'altro per entrare in sintonia.

La mia idea al riguardo, come già anticipato, è decisamene diversa. Il mio parere, infatti, è che non possa esistere ricalco efficace senza una precedente interpretazione dei gesti. Ribadisco che il processo diventerà così un po' più complesso, ma porterà a risultati decisamente migliori.

Sono convinto infatti che il rispecchiamento sia una tecnica veramente potente ed efficace, tuttavia credo che in presenza di particolari atteggiamenti sia non solo opportuno, ma necessario, conoscere la valenza dei gesti per valutare se ricalcarli o meno. In altri termini, immaginate di parlare con una persona che mentre annuisce con la testa (interpretato come un "sì" inconscio) gesticola con le braccia aperte (altro gesto con valenza positiva) e tiene le gambe incrociate con un piede che da calci all'aria (esprimendo chiusura e tensione a livello emotivo).

Cosa fate in questo caso, ricalcate totalmente, lo fate solo in parte o non lo fate affatto? Se scegliete di ricalcare totalmente (quindi anche le gambe), invierete all'interlocutore feed-back negativi e ciò porterà a un'escalation emotiva e alla degenerazione della vostra comunicazione. Se non ricalcate affatto perdete i benefici che il rispecchiamento può garantirvi in termini di velocità nel creare sintonia.

Infine, potreste optare per rispecchiare solo i gesti a valenza positiva o neutra e di non rispecchiare gli altri. Questa modalità vi permetterebbe da un lato di non inviare feedback negativi e dall'altro di iniziare a stabilire rapport in maniera rapida. Chiaramente per poter attuare quest'ultima strategia dovete prima essere consapevoli di quali siano i significati dei gesti. Non potrete ricalcare consapevolmente se prescinderete da questa analisi.

Da ricordare

Attenzione! Capita spesso che le persone con spiccata prevalenza visiva ritengano i cinestesici stupidi perché troppo lenti; viceversa questi ultimi possono essere irritati dalla velocità espressiva dei primi. Al tempo stesso gli auditivi possono essere infastiditi dalla mancanza di precisione dei visivi e dalla stentatezza dei cinestesici. A loro volta questi riterranno l'auditivo eccessivamente puntiglioso e così via, in un circolo vizioso...

E allora dove sta la soluzione?
Semplice, ricordatevi che queste sono soltanto modalità espressive e comunicative e che non hanno nulla a che fare con le qualità personali del-l'altro. In questo caso è pienamente confermato il detto: "Ognuno ha i suoi tempi", e aggiungerei: "...e i suoi modi".

Inoltre ricordate che dentro ognuno di noi sono presenti tutti e tre i tipi e che quando incontriamo un amico con modalità prevalente diversa dalla nostra abbiamo una magnifica occasione: quella di ampliare la nostra gamma di comportamenti per creare istantaneamente rapport. Se utilizzerete al meglio questi strumenti, avrete la capacità di percepire gli avvenimenti così come fa l'altro e capire la realtà, non solo dal suo punto di vista, ma con il suo punto di vista. Avrete la possibilità di entrare rapidamente in sintonia con chiunque.

Dato che fino a ora avete appreso i sistemi rappresentazionali solo a livello teorico, è necessario che facciate alcuni esercizi per tradurre questo importante materiale in qualcosa di pratico, così da aumentare la vostra flessibilità e capacità di risposta con ogni persona che incontrerete.

Esercizio 1

Rivolgete a più persone le seguenti domande e osservate la direzione in cui i loro occhi si spostano per constatare se corrispondono ai segnali d'accesso individuati in precedenza.

- Di che colore sono gli occhi di tuo marito/tua moglie?
- Quali sono state le prime parole che ha pronunciato tuo figlio?
- Cosa provi quando entri in una piscina con acqua gelata?

Rivolgete poi altre domande più generiche per capire l'orientamento prevalente.

Esercizio 2

Individuate a quale canale possono appartenere le seguenti frasi segnando V per visivo, A per auditivo e K per cinestesico.

– Una prospettiva rosea	V	A	K
– Mi sento schiacciato dalle responsabilità	V	A	K
– Diamo un'occhiata alla questione	V	A	K
– Siamo molto in sintonia	V	A	K
– Qualcosa mi dice che…	V	A	K
– È una persona fredda e distaccata	V	A	K
– Sono rimasto colpito dal risultato	V	A	K
– Ora tutto è limpido nella mia mente	V	A	K

Esercizio 3

Dopo aver mentalmente individuato a quale canale appartiene la frase sotto riportata, traducetela negli altri due canali senza alterare il significato, se possibile.

Es.   – La situazione non è lineare (V)
             – La situazione non mi suona bene (A)
             – La situazione mi puzza   (K)

Ho la sensazione che la situazione mi stia sfuggendo

_____

_____

È un ragazzo tenero

_____

_____

Qualcosa mi dice che non me la racconta giusta

_____

_____

Noto con piacere che oggi sei molto solare

_____

_____

Capitolo quindicesimo

Il rapport

Il segreto della sintonia

1. Le chiavi del rapport

Avete mai osservato due innamorati al ristorante? Se lo avete fatto, avrete anche notato che essi tendono ad assumere la **stessa postura**, magari tutti e due con una mano che sorregge la testa e l'altra sul tavolo e lo sguardo perso nel vuoto. Avrete osservato che tendono a **sincronizzare** i propri movimenti, ad esempio uno prende il bicchiere per sorseggiare la bibita e anche l'altro lo segue, oppure uno inizia a parlare proprio contemporaneamente all'altro. Coincidenze?

Noi crediamo di no. È stato dimostrato infatti che due persone che si trovano in sintonia tendono a ripetere alcuni dei gesti e delle posture che l'altro sta adottando. Ad esempio, diversi esperimenti effettuati in college americani hanno evidenziato che le ragazze, vivendo insieme per diverso tempo, oltre che a com-

portarsi e vestirsi in modo sempre più simile, tendono ad avere persino il ciclo mestruale nello stesso periodo. Quindi l'influenza di altre persone agisce in questo caso sia a livello comportamentale che a livello biologico.

E ancora, altre ricerche hanno mostrato che, se mettete in una stessa stanza diversi pendoli e li fate partire in maniera non sincronizzata tra loro, questi tenderanno spontaneamente a battere le stesse ore.

Infine, l'ultima testimonianza scientifica di ciò che andiamo a spiegare arriva da una recente scoperta di alcuni ricercatori dell'Università di Parma. Essi hanno scoperto che, quando compiamo una determinata azione, si attivano nel nostro cervello particolari neuroni chiamati "neuroni a specchio". La scoperta sorprendente è che questi neuroni si attivano anche quando una persona, pur non compiendo l'azione direttamente, la osserva in qualcun altro. In pratica, se osservate una persona che sta per bere un caffè, si attiveranno nella vostra mente le stesse aree che si attivano quando lo bevete realmente.

La cosa meravigliosa di quanto stiamo raccontando è che, come ci ha insegnato il famoso ipnoterapeuta Milton Erikson, questo meccanismo può essere utilizzato per creare rapidamente sintonia con le altre persone. In pratica sarà sufficiente adottare in parte la gestualità dell'altro, il suo modo di sedersi o camminare, il suo respiro, alcune delle sue particolarità per stabilire velocemente una sintonia con lui.

Così facendo, a livello inconscio sarete percepiti dall'interlocutore come familiari e questo sentirà di trovarsi in compagnia di una persona simile a lui e sarà più propenso a fidarsi di voi.

2. Il ricalco

Vi piacerebbe avere a disposizione una tecnica veramente potente per creare velocemente una buona sintonia con chi avete di fronte? Per far sì che le vostre idee siano più facilmente accettate? O semplicemente per far sì che agli altri piaccia la vostra compagnia?

La programmazione neurolinguistica fornisce uno strumento che fa proprio al caso vostro: la tecnica del ricalco. Utilizzando correttamente questa tecnica imparerete a **creare sintonia** a un livello molto profondo con le altre persone, che si ritroveranno a sentirsi bene con voi senza immaginare il perché.

Vi starete chiedendo come mai una tecnica così potente sia inserita in uno degli ultimi capitoli di questo libro. Semplicemente perché per poterla usare al meglio era necessario che prima vi abituaste a osservare attentamente e sviluppaste quello che nel primo capitolo ho chiamato "acume sensoriale". Ora che i vostri sensi sono ben allenati, siete pronti.

Sebbene alcuni autori si sforzino di complicare le cose semplici per sembrare più cattedratici, io credo che sia più efficace il contrario: se una cosa è semplice e funziona bene, tanto meglio.

La tecnica di base del ricalco è molto semplice e dà risultati immediati: osservate ciò che l'altro fa, le parole che usa più spesso, le posture, i gesti, e ripeteteli. Tutto qui. Le informazioni che state per leggere vi serviranno solo per essere un po' più eleganti nell'esecuzione di questa nuova abilità.

3. Esercizio

Chiedete a due amici di aiutarvi in questo esercizio: voi e il vostro amico A starete seduti uno di fronte all'altro e chiederete al vostro amico B di osservarvi.

A pensa a una situazione in cui ha provato una sensazione particolare, possibilmente positiva, e ci si identifica il più possibile (man mano che A entra nella situazione noterete che cambierà postura e respirazione).

Assumete ora la sua stessa postura e respirazione. Il compito di B è quello di fornire qualche feedback dei cambiamenti della fisiologia di A, così da permettervi di chiudere gli occhi e concentrarvi sulle vostre sensazioni interne. Eseguite l'esercizio per almeno 3-4 minuti e scoprirete cose eccezionali.

A questo punto dovreste iniziare a intuire cosa si ottiene ricalcando: assumendo la stessa postura e la stessa modalità di respirazione dell'altra persona, si raggiunge un tale livello di sintonia che molto spesso si riescono a provare persino le stesse emozioni e a produrre le stesse immagini mentali. Stiamo parlando insomma della vera empatia, non di vedere le cose dal punto di vista dell'altro, ma con il suo stesso punto di vista.

4. Diversi modi per ricalcare

Questa tecnica può davvero cambiare il modo in cui le persone interagiranno con voi, ma prima di proseguire con la lettura tenete sempre in mente che non dovete copiare esattamente quello che l'altro sta facendo, altrimenti se ne accorgerà e penserà che siete dei pappagalli e che lo state prendendo in giro. Per non incorrere nel rischio di essere scoperti, potete decidere di adottare uno dei due schemi di ricalco sotto proposti o di combinarli a vostro piacere. La percezione che gli altri ne ricaveranno sarà comunque quella di sentirsi molto in sintonia con voi.

4.1. Ricalco diretto

Consiste nel riproporre la stessa postura e nel **ripetere solo alcuni dei gesti** che fa l'altro a distanza di qualche secondo e con la maggior disinvoltura possibile. Per esempio, se l'altra persona avvicina il busto al tavolo come per entrare più in contatto, voi fate esattamente la stessa cosa.

Se l'altro si tocca il collo con la mano destra, voi distogliete un attimo lo sguardo per non dare nell'occhio e poi toccatevi a vostra volta il collo con la mano destra.

4.2. Ricalco incrociato

Il meccanismo è identico, ma vengono invertite le parti del corpo che ricalcano, ad esempio se l'altro muove il braccio destro in avanti, voi lo imitate con il sinistro.

Un'altra alternativa possibile è quella di ricalcare una parte del suo corpo con una parte diversa del vostro. Per esempio, se l'altro disincrocia le braccia, voi fate lo stesso con le gambe.

5. Cosa si deve ricalcare

Per creare sintonia in linea di massima è consigliabile ricalcare soltanto i gesti e le posture che hanno una valenza positiva e possibilmente di apertura. È chiaro infatti che, se chi vi sta di fronte continua a grattarsi o si soffia il naso spesso, è sconveniente ricalcare.

Se la stessa persona invia contemporaneamente messaggi a valenza negativa con una parte del corpo e messaggi a valenza positiva con l'altra, ricalcate solo questi ultimi e quando avete ottenuto sintonia, passate alla fase finale, quella della guida (di cui si dirà più avanti).

Assolutamente vietato ricalcare difetti fisici, ad esempio l'altra persona che zoppica o balbetta.

6. I vantaggi di un buon ricalco

Chi acquisisce una buona capacità di ricalco acquisisce anche, automaticamente, la capacità di adottare lo stesso stile comunicativo altrui. Ricordate che le persone adorano coloro con cui possono condividere passioni, interessi, hobby... Non è forse vero che, quando uscite con una donna o con un uomo che avete appena conosciuto, andate subito alla ricerca di caratteristiche comuni?

Immagino che raramente abbiate fatto considerazioni quali: "Oh, è davvero magnifico, a lei piace andare al mare, a me in montagna; lei ama leggere e io lo detesto; lei frequenta solo ristoranti di lusso, io preferisco il Mc Donald's... siamo proprio fatti l'uno per l'altra".

Allo stesso modo, se voi siete persone con un volume e un ritmo di voce intermedio e non amate gesticolare troppo, vi farebbe piacere trascorrere molto tempo con qualcuno che urla, parla in maniera rapidissima e gesticola continuamente?

Ricordate che non è solo una distinzione di modalità, si tratta di una differenza quasi di concetto. Se assumete modalità comunicative simili a quelle dell'altro, anche la vostra predisposizione interiore e i vostri pensieri saranno più simili ai suoi.

7. Ma questa non è manipolazione?

Alcuni di voi a questo punto si staranno chiedendo se le ultime tecniche di PNL esposte non siano manipolative.

Io credo che nessuna tecnica sia di per sé manipolativa, è solo l'intenzione di chi le applica che può renderla tale. In pratica, come dice un detto popolare, si può usare un bastone per sorreggersi e camminare meglio, oppure si può scegliere di darlo in testa al primo malcapitato. Non è comunque eliminando i bastoni che si risolve il problema. Io consiglio di utilizzare queste strategie per entrare meglio nel mondo dell'altro, così da arrivare al vero significato di "comprendere": prendere con sé.

Tenete inoltre presente che anche il miglior persuasore non potrà spingere gli altri a fare qualcosa che non farebbero e che convincere significa vincere insieme. Ossia, chi è più bravo a con-vincere trova sempre il modo di vincere insieme agli altri: questo è il rapport.

8. Guidare gli altri

Alcuni fanatici della PNL passano la maggior parte del tempo a ricalcare gli altri e perdono di vista l'obiettivo della comunicazione.

Il ricalco è la condizione essenziale per creare la sintonia necessaria affinché le vostre idee vengano meglio comprese dall'altro. Una volta stabilito il rapport inizierà la vera magia. Da questo momento in poi, infatti, potrete tornare ad adottare le modalità comunicative che più preferite e noterete che sarà l'altro ad adattarsi automaticamente a voi. In tal modo le vostre idee saranno meglio comprese e non incontrerete sterili resistenze da parte dell'altro.

Consideriamo questo esempio: Giovanni e Lucia sono sposati da diversi anni e, come succede a tutte le coppie, ogni tanto litigano. Giovanni, a distanza di qualche ora dall'accesa discussione, decide di tentare una conciliazione, perché sa che ognuno ama l'altro e il motivo della lite è stato piuttosto futile. Qual è la strategia migliore che può adottare?

Qualcuno potrebbe pensare di esordire dicendo: "Dai, non è successo niente, non preoccuparti, ti perdono". Ottimo modo per far arrabbiare il proprio compagno e per mettere l'accento sul fatto che uno dei due ha sbagliato.

Chi invece, come Giovanni, è abituato a creare sintonia e a utilizzare la tecnica di ricalco e guida per ottenere relazioni del tipo *win-win*, potrebbe esordire con: "So che per te è particolarmente importante che il valore X sia completamente soddisfatto e anch'io lo condivido pienamente (ricalco sui valori). Mi sono accorto anche che la mia comunicazione non è stata adeguata. Al fine di mostrarti quanto io rispetti le tue idee (ricalco su una convinzione precedentemente espressa dal partner), vorrei inoltre che prendessimo in considerazione l'ipotesi di fare una bella passeggiata all'aria aperta per svagarci un po', piuttosto che starcene in casa (guida verso un comportamento più produttivo per entrambi)".

Giovanni sa che l'obiettivo da perseguire è quello di far pace al più presto ed esegue perciò un ricalco su più livelli differenti. Infatti, mentre a parole ricalca valori e convinzioni, a livello non verbale effettua un ottimo ricalco dei gesti a valenza fino a quel momento effettuati dalla moglie. A un certo punto, quando Giovanni avverte che si è ricreata una buona sintonia, passa alla fase della guida. A livello non verbale si pone in atteggiamento di massima apertura e disponibilità e nota che la compagna lo segue. Conclude la guida proponendo di fare una passeggiata (condizione che faciliterà secondo la loro esperienza il rapido riappacificarsi).

Per riassumere quanto contenuto in questo esempio, dopo essere entrati in sintonia con l'altra persona il passaggio successivo è quello di guidarla ad assumere una postura in cui possa più agevolmente percepire senza barriere ciò che state dicendo e proponendo.

Questo passaggio è fondamentale, poiché, come detto nel capitolo relativo ai gesti delle braccia e delle gambe, colui che ascolta per tutto il tempo in un atteggiamento di chiusura non riuscirà probabilmente a comprendere pienamente le vostre proposte. Il fatto di guidarlo verso un atteggiamento non verbale di maggior disponibilità porterà anche la sua mente a essere più predisposta a recepire i vostri messaggi.

Da ricordare

Il *rapport è quell'atmosfera che si crea naturalmente tra le persone con cui si è in particolare sintonia. Per ottenerlo più rapidamente e con chiunque, ci sono tre passaggi fondamentali da rispettare:*

• *Osservare per raccogliere informazioni sulle modalità di comunicazione verbali e non verbali dell'interlocutore;*

• *Il ricalco, che consiste nel ripetere alcuni degli elementi osservati precedentemente;*

• *La guida, che va messa in atto non appena ci si accorge che la sintonia è stata creata. Consiste nel portare l'altro verso una modalità più vantaggiosa per entrambi.*

Capitolo sedicesimo

L'ancoraggio

Come indurre emozioni usando i gesti, gli oggetti, gli spazi

1. Le ancore

Perché numerosi spot televisivi utilizzano testimonial famosi? Perché una nota azienda che produce pasta manda in onda da vent'anni pubblicità in cui il suo prodotto appare sempre accostato a famiglie felici e spensierate? Ancora, perché i personaggi politici in campagna elettorale si fanno fotografare talvolta con le anziane nonnine, altre volte con i bimbi piccoli che giocano alla scuola materna, altre ancora con personaggi della tv, dello sport o addirittura con leader religiosi?

In tutti questi casi il "gioco psicologico" è quello di **associare** nella mente di chi guarda e ascolta **un prodotto o una persona a determinate emozioni** che il contesto suscita. Nel caso della pubblicità della pasta, per esempio, la sereni-

tà, la spensieratezza, il sapore delle cose di una volta sono state talmente associate con il prodotto che difficilmente si può fare a meno di pensare, almeno a livello inconscio: "Dove c'è..., c'è casa".

Sempre restando in ambito pubblicitario, che relazione c'è tra una bella auto e una bella donna? Battute scontate a parte, direi che non ce n'è alcuna. Eppure, in quasi tutti gli spot di auto prestigiose, questa associazione è indotta, tanto che qualcuno è veramente convinto che acquistando un'auto fiammante potrà avere la donna della sua vita.

Tutti questi spot si basano sul principio delle neuro-associazioni, ben illustrato dal famoso esperimento di Pavlov con i cani. Lo studioso osservò che gli animali in questione, davanti a una ciotola di cibo, già qualche istante prima di iniziare a mangiare avevano un notevole aumento della salivazione.

Decise che, prima di mettere il cibo nella ciotola, avrebbe suonato ogni volta una campanella. Dopo un certo periodo di tempo, notò che sorprendentemente, al semplice suono della campana, i cani iniziavano a salivare (proprio come facevano appena prima di mangiare) anche se non avevano davanti il cibo.

Il meccanismo è molto semplice: si associa una certa cosa "X" a un'altra cosa "Y" per un certo tempo o per un certo numero di volte ed ecco che nella mente delle persone la prima cosa, porta con sé le caratteristiche, buone o cattive, della seconda.

Questo meccanismo funziona solo con le pubblicità? Evidentemente no, questo è il caso più lampante, ma ci sono numerose altre situazioni in cui si verifica lo stesso fenomeno. Pensate ai pregiudizi. Se al telegiornale continuano a ripetere: "C'è stata una rapina e il malvivente era un extracomunitario; c'è stato un omicidio e l'assassino è un extraco-munitario; è stato commesso uno stupro e il colpevole è un extracomunitario", a questo punto che pensieri può avere la maggior parte della gente quando incontra un extracomunitario?

A questo punto il principio dell'ancoraggio dovrebbe essere chiaro, ma forse vi starete chiedendo come fare a utilizzare in maniera consapevole questo potente meccanismo per migliorare le vostre relazioni e avere una maggior influenza sugli altri. Benissimo, nei prossimi paragrafi imparerete come sfruttare queste tecniche, che sono semplicissime da applicare e al contempo molto potenti, capaci di produrre risultati efficaci e rapidi in una grande quantità di contesti.

Sebbene il principio generale dell'ancoraggio sia ormai stato illustrato dalla PNL da diversi anni, manca nella bibliografia italiana una trattazione dettagliata e differenziata delle sue applicazioni pratiche relativamente alla comunicazione con gli altri. Per colmare tale lacuna si è deciso di dedicare un intero capitolo a questo argomento così affascinante.

2. Ancorare agli oggetti

Può darsi che leggendo questi paragrafi vi vengano in mente alcuni esempi di emozioni che avete involontariamente collegato a oggetti. Può darsi che abbiate accuratamente conservato cose che, nonostante abbiano un valore intrinseco nullo, sono in grado anche a distanza di tempo di trasmettervi emozioni forti.

Ricordo che da bambino, durante le fredde serate invernali, io e la mia famiglia eravamo soliti sederci attorno al camino per giocare tutti insieme. Era un momento magico. Così magico che ancora oggi quando mi siedo vicino a un camino e sulla mia pelle sento il dolce calore del fuoco e nell'aria si diffonde il lieve crepitio della legna mi sembra di sentire le nostre risa e riprovo le stesse intense sensazioni di gioia e pace.

Pensate se in questo preciso istante la radio trasmettesse la canzone che ha fatto da colonna sonora al vostro primo appuntamento. Forse sotto i piedi percepite i granelli della sabbia, un brivido vi scorre lungo il corpo e sapete che non è dovuto alla dolce brezza marina… le note della canzone ancora una volta si mescolano al suono delle onde e alle parole sussurrate dal partner nel vostro orecchio… potete sentire il calore del suo respiro… state sorridendo e ciò che guardate non è la vostra stanza…

Siete stati trasportati in un'altra dimensione, quella canzone è per voi un'ancora così forte che è riuscita a modificare, a distanza di anni, la vostra postura, il vostro respiro, il ritmo del vostro cuore. Praticamente ogni cosa, tangibile o no, può essere oggetto di ancoraggio.

Trattandosi di un libro sulla comunicazione, descriverò ora la procedura che potete utilizzare per ancorare le emozioni altrui a un oggetto particolare, naturalmente potrete utilizzare le stesse tecniche nel caso vogliate lavorare con le vostre emozioni. Leggendo l'esempio successivo, osservate cos'è accaduto in un negozio di elettrodomestici.

Il cliente entra nel negozio e inizia a parlare con un commesso che, essendo ben addestrato alla vendita, estrae attraverso una serie di domande i criteri con cui il cliente è solito decidere quale prodotto acquistare. Dopo una breve chiacchierata il venditore ha capito cosa motiva il cliente a comprare un prodotto piuttosto che un altro. Le caratteristiche che ritiene fondamentali sono la resistenza e la comodità. Il commesso ha interesse a vendere una certa lavatrice, che chiameremo X-lava, piuttosto che le altre, perché a ogni X-lava venduta riceverà un premio extra sulle provvigioni. Ora analizziamo il dialogo seguente.

Commesso: "È sua quella magnifica berlina che vedo parcheggiata lì fuori?".
Cliente: "Sì, è mia, l'ho comprata l'anno scorso…".
Il commesso, mentre dà due leggere pacche alla X-lava, esclama: "Deve proprio essere resistente e comoda".
Cliente: "Eh sì, è proprio così".
Il discorso continua per un po' sull'automobile, dopodiché…
Commesso: "Sa, anch'io l'altro giorno mi sono tolto una soddisfazione, ho acquistato questo orologio, che è resistentissimo (contemporaneamente toccava la X-lava) e molto comodo (e ritoccava la X-lava)…".
Cliente: "Ne ho un modello anch'io, ed è veramente resistente". Il commesso tocca di nuovo la lavatrice e continua a toccarla ogni volta che uno dei due pronuncia le parole "resistente" o "comoda", finché, a un certo punto…
Commesso: "Ma parliamo della sua lavatrice: a quale modello pensava?".
Cliente: "Cosa mi dice di quella X-lava? Mi sembra così resistente".
Commesso: "È la scelta migliore, molto resistente e anche comodissima da usare".
Cliente: "Ok, mi sembra proprio un buon affare, la prendo".

In questo esempio, il commesso ha associato alla lavatrice i due aggettivi più importanti per il cliente, inducendolo a preferire proprio quel modello. Potete fare la stessa cosa in ambiti molto diversi dalla vendita: per esempio, volete un metodo rapido per far ridere il vostro bambino?

Facile: ogni volta che si creano delle situazioni in cui ride ed è contento spontaneamente, mostrategli un oggetto (un peluche, ad esempio). A un certo punto vi accorgerete che la sola vista di quell'oggetto lo metterà di buon umore.

I fattori che facilitano il funzionamento rapido dell'ancoraggio sono:

• **L'inusualità**: tanto meno l'oggetto (o come vedremo dopo, il gesto) è usuale, tanto più l'ancora viene assimilata a livello inconscio dall'altro;

• **L'intensità emotiva**: più è alto il tasso emotivo dell'altro mentre "lanciate" l'ancora, tanto più sarà facile recuperarla;

- **La frequenza**: più volte è usata, in un certo lasso di tempo, e più funziona. Ad esempio, ancorare dieci volte in un anno verso un oggetto non produce gli stessi risultati di un ancoraggio effettuato dieci volte in due giorni. In quest'ultimo caso l'ancoraggio funzionerà molto meglio.

- **La multisensioralità**: ossia la capacità dell'ancora di essere vista, sentita sonoramente e percepita fisicamente. Più l'ancora è multisensoriale e più risulta potente.

3. Ancorare le emozioni ai gesti

Come si possono ancorare sensazioni, emozioni e stati d'animo a un oggetto, si può fare anche con i gesti.

Supponete di fare spesso delle riunioni con i vostri colleghi per risolvere problematiche particolarmente rivelanti con idee creative. Ogni volta che un vostro collega trova una soluzione originale al problema, ancorate la sua intuizione dicendogli: "Eccezionale", e nel frattempo fategli un accenno di applauso. Se l'operazione si ripete abbastanza spesso, la prossima volta sarete in grado di attivare in lui gli stessi processi mentali che lo portano a trovare brillanti idee semplicemente riproponendo l'ancora.

Un altro esempio di ancora legata al gesto si trova nel mondo dello sport. Molti allenatori esperti sono abituati ad ancorare i loro atleti quando hanno delle prestazioni eccellenti, gridando frasi come: "Vai, sei grande…", e nel frattempo alzando le braccia col pugno chiuso al cielo. Così facendo, quando gli atleti affrontano gare parecchio impegnative e hanno bisogno di essere motivati, i coach non fanno altro che riattivare l'ancora per metterli nello stato d'animo più produttivo.

4. Ancorare le emozioni con gli autocontatti

Anche toccando noi stessi possiamo portare gli altri a provare emozioni ben determinate.

Un noto formatore era solito u re un autocontatto per ancorare precisa sensazione nel suo p co. Dopo aver raccontato una storia particolarmente commovente, quando notava nel suo pubblico che lo stato emotivo era al massimo, ancorava sfregandosi con due dita il polso della mano destra.

Applicava lo stesso meccanismo a tre o quattro emozioni diverse (ancorandole a posti diversi del corpo) e dopo un po', ogni volta che si toccava in uno di questi punti, i volti del pubblico rispondevano perfettamente allo stimolo, anche quando parlava di questioni assolutamente neutre sotto il profilo emozionale.

5. Ancorare le emozioni con gli eterocontatti

Il toccare gli altri in zone specifiche e particolari per ancorare stati d'animo può essere particolarmente utile quando volete consolare un amico, tirargli su il morale, fargli vedere le cose da un'altra prospettiva.

Per riuscirci in modo efficace è necessario che vi prepariate prima che il vostro amico arrivi da voi tutto desolato. Fate un ancoraggio ogni volta che si trova in uno stato emotivo ottimale, per esempio toccandolo sul gomito e dicendo una frase di complimenti. Così facendo, se dovesse arrivare da voi un giorno un po' giù di morale, potreste riattivare l'ancora e farlo sentire subito meglio.

L'eterocontatto può essere usato con ottimi risultati anche nella seduzione. Se dovete sedurre qualcuno, basterà portarlo a ricordare delle situazioni in cui si è sentito veramente bene, storie in cui è stato molto coinvolto o casi in cui ha avuto un vero e proprio colpo di fulmine. Fategli immaginare di trovarsi davanti a una persona che non può fare a meno di baciare o di accarezzare. Quando notate che si è immedesimato nella situazione, lanciate l'ancora sfiorando il suo avambraccio e sussurrando qualcosa di dolce. Al momento opportuno riproponete l'ancora e...

6. Ancorare le emozioni agli spazi

Questa strategia consiste nell'indurre chi ascolta ad associare a livello inconscio specifiche emozioni a spazi ben determinati. Facciamo qualche esempio.

Supponiamo che siate un oratore che deve tenere un comizio davanti a un vasto pubblico; ecco cosa potete fare per indurre le emozioni giuste al momento desiderato. Per le prime prove vi consiglio di suddividere mentalmente lo spazio del palco che avete a disposizione in tre grandi aree. Fatto questo, decidete quale emozione associare a ciascuna area. Per esempio potete scegliere di trattare temi che suscitino ilarità e divertimento sul lato destro del palco, temi che inducano a stati emotivi di particolare intensità sul sinistro, e dal centro del palco gli argomenti a cui il pubblico deve prestare particolarmente attenzione.

Fatto ciò, quando iniziate la vostra conferenza, ricordatevi di spostarvi fisicamente nella zona prestabilita ogni volta che tratterete un argomento stabilito. A un certo punto, se così farete, vi accorgerete che nello stesso momento in cui vi spostate, istantaneamente le espressioni sul viso del vostro pubblico cambieranno perché sono state precedentemente ancorate, ossia collegate, alle diverse aree del palco.

Le applicazioni pratiche e i contesti in cui utilizzare questa semplice ed efficace tecnica sono molteplici e la regola è sempre la medesima: far associare dalla mente inconscia altrui una certa emozione a un certo spazio.

Personalmente ho utilizzato spesso tale tecnica anche quando ero uno studente universitario. Agli esami orali osservavo il candidato precedente, come si sedeva, a quale distanza dal tavolo, che gesti faceva e tutto il resto. Avendo chiaro il meccanismo dell'ancoraggio spaziale e di quello tradizionale, sapevo bene che il professore avrebbe associato non solo il viso del candidato, ma anche i suoi comportamenti, al voto finale. Cosicché, quando l'esaminato che mi precedeva otteneva un buon punteggio, riprendevo in pieno tutti i suoi movimenti e andavo a occupare esattamente il suo stesso spazio. Ma quando questo veniva bocciato o prendeva un voto molto basso, la prima cosa che facevo era quella di scollegarmi letteralmente dallo spazio che aveva occupato lui, sedendomi da un'altra parte e adottando posture diverse. In questo modo spingevo i professori, ignari del meccanismo, a questo ragionamento inconscio: "È uguale al tizio di prima, deve essere bravo anche lui", oppure: "Non ha nulla a che fare con il tizio di prima, questo sarà preparato".

Naturalmente non sto dicendo che sia sufficiente questa tecnica per superare gli esami, ma questo può darvi senz'altro una marcia in più per giocare al meglio le vostre carte.

Per quel che riguarda l'autopuntamento, il principio è il medesimo e il vantaggio è che questa tecnica si può utilizzare in ogni situazione e sia su se stessi che sugli altri. Mentre parlate con qualcuno cercate di associare le caratteristiche positive a voi stessi e di allontanare da voi quelle negative.

Per esempio potreste dire: "Ci sono persone leali...", e in quel momento puntate rapidamente la mano verso di voi, "...e persone che la lealtà non sanno cosa sia", puntando con la mano verso l'esterno. La persona intenta ad ascoltarvi non noterà questi gesti, se li eseguite in modo disinvolto e rapido, ma assocerà mentalmente le vostre parole al gesto (penserà in pratica che voi rientrate tra le persone leali, anche se non lo avete detto esplicitamente).

Un venditore, per esempio, non dovrebbe mai criticare apertamente la concorrenza, ma al limite, se la critica è fondata, potrebbe dire una cosa come: "Beh, è evidente che i prezzi sono molto differenti, esistono infatti rivenditori che hanno prezzi elevatissimi (puntando fuori dal proprio negozio) e venditori con prezzi eccezionali (puntando verso di sé)".

Altrettanto potete fare quando state seducendo un potenziale partner. Ad esempio, mentre dite: "Ci sono uomini che non sanno apprezzare pienamente le peculiarità di coloro che hanno davanti", (intanto puntate col dito o con qualche oggetto in un'altra direzione) e poi continuate con: "...mentre altri le sanno apprezzare fino in fondo" (mentre puntate verso voi stessi).

L'atto di puntare verso la propria persona deve essere disinvolto e abbastanza rapido per non risultare evidente anche a livello consapevole.

Da ricordare

Grazie alla tecnica dell'ancoraggio è possibile associare emozioni e stati d'animo a oggetti, posture, gesti e spazi. Nonostante si sia posta in questa sede l'attenzione verso l'applicazione di questa strategia per indurre negli altri particolari emozioni, le stesse regole possono essere sfruttate per cambiare i propri stati d'animo in modo semplice e rapido.

Conclusione

Giunti al termine di questo viaggio nel misterioso mondo del linguaggio del corpo non resta che ringraziarvi per l'attenzione dedicata a questa lettura. Avete compiuto il primo passo verso una comunicazione più consapevole, la vostra capacità di notare gesti e atteggiamenti fino a ora sottovalutati è già a questo punto sensibilmente accresciuta. Per ampliarla ulteriormente vi ricordo che un primo e ottimo strumento è costituito dagli esercizi contenuti nel volume, successivamente vi consiglio di sfruttare ogni situazione possibile per allenarvi. Mentre passeggiate per strada o aspettate la metropolitana, durante una riunione d'affari o una discussione in famiglia potrete cogliere numerose opportunità per sviluppare il vostro spirito d'osservazione e, continuando con questo metodo, vi accorgerete che in breve questa nuova abilità diverrà per voi assolutamente automatica e conseguentemente da ogni conversazione potrete trarre molte più informazioni di quante i vostri interlocutori ne forniscano a parole.

Vi ricordo che si è scelto di analizzare singolarmente ogni gesto per migliorarne la comprensibilità e che, quando vi troverete in un contesto reale, le deduzioni che trarrete dovranno necessariamente considerare gli atteggiamenti nel loro complesso. Inoltre consiglio anche, almeno fino a quando non sarete diventati veramente esperti, di operare in modalità di "sospensione del giudizio", ossia evitate di giudicare subito un comportamento e dedicatevi invece a raccogliere le indicazioni non verbali che vi saranno fornite.

Continuate con curiosità il percorso che avete intrapreso, è stato un piacere farvi da guida lungo questi sentieri ancora poco esplorati.

Bibliografia

- R. Alfano, R. Americo, *Non farti fregare dal passato*, Armenia, Milano 2006.

- M. Argyle, *Il corpo e il uso linguaggio*, Zanichelli, Bologna 1981.

- E. T. Hall, *Il linguaggio silenzioso*, Bompiani, Milano 1982.

- A. Lowen, *Il linguaggio del corpo*, Feltrinelli, Milano 1991.

- R. Bandler, J. Grinder, *La struttura della magia*, Astrolabio, Roma 1981.

- R. Bandler, W. MacDonald, *Guida per l'esperto alle submodalità*, Astrolabio, Roma 1991.

- R. B. Dilts, *Leadership e visione creativa*, Guerini, Milano 1998.

- P. Ekman, *I volti della menzogna*, Giunti, Firenze 1989.

- M. L. Erickson, E. L. Rossi, S. I. Rossi, *Tecniche di suggestione ipnotica*, Astrolabio, Roma 1979.

- A. Guglielmi, *Il linguaggio segreto del corpo*, Piemme, Casale Monferrato (AL) 1999.

- D. Morris, *L'uomo e i suoi gesti*, Mondadori, Milano 1981.

- H. Kurt, *Guida allo studio del carattere*, Armenia, Milano 1983.

- M. Pacori, *Come interpretare i messaggi del corpo*, De Vecchi, Milano 1997.

- F. Padrini, *Il linguaggio segreto del corpo*, De Vecchi, Milano 1996.

- A. Pease, *Leggere il linguaggio del corpo*, Mondadori, Milano 1993.

- J. Richardson, *Introduzione alla* PNL, Nlp Italy, Urgnano (BG) 2002.

- P. Watzkawich, J. H. Beavin, D. D. Jackson, *Pragmatica della comunicazione umana*, Astrolabio, Roma 1971.

Nota sugli autori

Rocco Americo, laureato presso l'Università di Pavia in Scienze Politiche a indirizzo didattico e da sempre appassionato alle dinamiche del comportamento, si è specializzato in Programmazione neuro-linguistica, comunicazione non verbale e tecniche bioenergetiche con i migliori formatori mondiali, diventando a sua volta un trainer affermato. Professionista freelance, tiene master e stage in tutta Italia per grandi aziende internazionali e affermati professionisti.

Rosario Alfano, trainer e life coach, è fondatore della società di formazione COM2 (specializzata nell'ambito della comunicazione e del comportamento). Si occupa di PNL, intelligenza emotiva, biotipologie, gestione delle emozioni, linguaggio del corpo, psicosomatica, tecniche di visualizzazione e rilassamento. È consulente di noti quotidiani ed emittenti radiotelevisive. Da vent'anni studia la mente umana, le emozioni, le persone, i loro modo di reagire e di relazionarsi (tra di loro e nei confronti della vita). La sua missione è quella di elaborare metodi e strumenti originali, pratici ed efficaci per aiutare le persone a vivere meglio.

Le tecniche contenute in *Relazioni vincenti con il nuovo linguaggio del corpo* sono un distillato di quanto insegnato dagli autori in corsi e personal coaching.

Corsi

Gli autori organizzano in tutta Italia corsi per migliorare la comunicazione interpersonale, aumentare le vendite, raggiungere gli obiettivi e gestire lo stress. Per maggiori informazioni potete consultare i siti:

www.roccoamerico.it
www.comdue.com

Personal coaching

Le attività di personal coaching si rivolgono a coloro che intendono raggiungere risultati d'eccellenza in qualsiasi campo e possono trarre beneficio dall'attività personalizzata con un trainer che li guidi ad acquisire maggior sicurezza e carisma, migliori capacità comunicative e un ottimo livello di focalizzazione verso i propri obiettivi.

Per informazioni potete scrivere a:
info.roccoamerico.it (risponderà il dr. Americo)
info@comdue.com (risponderà il dr. Alfano)

oppure contattate in orario d'ufficio
328 144 65 69 (dr. Americo)
0523 59 30 04 (dr. Alfano)

Rosario Alfano
MANUALE PER DONNE LASCIATE
Come uscire in fretta e senza danni
da una storia finita

Sei stata lasciata? Ti senti confusa, apatica, piena di rabbia? Senti crollare la tua autostima? Sei vittima dell'autocommiserazione? Ti è venuta la fissazione di voler capire a tutti i costi perché è finita, cosa potevi fare che non hai fatto e quali errori hai commesso? Ti stai dicendo cose come: "L'amore non esiste"; "Attiro solo i tipi sbagliati"; "Meglio non lasciarsi più andare"? Hai paura di restare sola per il resto della tua vita? Stai forse valutando di farla finita con gli uomini, oppure, al contrario, stai seriamente pensando di cominciare ad avere con loro soltanto avventure superficiali e senza impegno? Se hai risposto sì ad almeno una di queste domande, hai degli ottimi motivi per leggere questo libro: scoprirai come uscire in fretta dallo stato di malessere in cui ti trovi attualmente. Rosario Alfano, esperto di comunicazione, ha ideato un metodo straordinariamente pratico ed efficace per aiutarti a recuperare la serenità e il pieno controllo della tua vita, evitando molti degli errori tipici in cui le donne incorrono quando vengono lasciate, che ti impedirà di incantarti come un vecchio 33 giri che suona sempre lo stesso triste frammento di canzone. Le tecniche proposte, gli spunti e i consigli qui presentati ti faranno rientrare in contatto con la parte più forte, luminosa e positiva di te stessa.

Potete richiedere il catalogo gratuito delle nostre pubblicazioni
Edizioni il Punto d'Incontro
Via Zamenhof 685 - 36100 Vicenza - Tel. 0444 239189 - Fax 0444 239266
www.edizionilpuntodincontro.it